회복적 정의/사법 리틀북

개정판

회복적 정의/사법 리틀북

개정판

하워드 제어 지음
조균석 김성돈 한영선 외 옮김

정의와 평화 실천 시리즈

회복적 정의/사법 리틀북(개정판)

지은이　하워드 제어
옮긴이　조균석 김성돈 한영선
개정판1쇄　2024년 1월 24일

펴낸이　배용하
책임편집　배용하
등록　제364-2008-000013호
펴낸곳　도서출판 대장간
　　　　　www.daejanggan.org
등록한곳　충남 논산시 매죽헌로 1176번길 8-54, 101호
대표전화　전화 041-742-1424 전송 0303-0959-1424

분류　RJ | 갈등해결 | 회복적 사법정의
ISBN　978-89-7071-650-3　03360

이 책은 저작권법에 의해 보호를 받는 출판물입니다.
기록된 형태의 허락 없이는 무단 전재와 복제를 금합니다.

값 10,000원

차례

한국어판 저자 서문

지난 40년간, 회복적 사법정의는 전 세계에 흩어져 있던 몇몇 프로그램에서 국제적인 실무와 학문영역으로까지 성장을 거듭하였습니다. 오늘날 남태평양, 아프리카, 서부 및 동부 유럽, 북미, 남미, 아시아 등 모든 대륙에 회복적 사법정의를 기초로 하는 여러 프로그램이 있습니다. 나는 대한민국이 회복적 사법정의의 이론과 실천에 관한 국제네트워크의 일부가 된 것을 기쁘게 생각합니다.

회복적 사법정의는 다양한 프로그램을 포함합니다. 이들 대부분은 형사사법 분야에서 시행되고 있는데, 피해자─가해자 대화모임, 가족 또는 공동체 집단회합, 그리고 평화구축서클이 아마 가장 잘 알려진 프로그램일 것입니다. 이러한 프로그램들은 다른 분야, 특히 학교에서도 발전하고 있습니다. 실제로 회복적 사법정의 이론을 교육 분야에 적용하는 일은 국제적으로 빠른 성장세를 보이고 있는 것 같습니다.

회복적 사법정의는 단순히 프로그램만을 의미하는 것이 아닙니다. 오히려, 많은 상황에 적용할 수 있는 일련의 원리와 철학입니다. 예컨대, 정의에 대한 회복적 이해는 직장 내의 불법행위에서부터 사회적 수준의 부정의에 이르기까지 다양한 문제 상황에 대한 실천방안을 제공하고 있습니다. 종합적으로 말하면, 회복적 사법은 어떻게 정의를 실천할 것인가 하는 물음에 대하여 비폭력적·평화적 접근방법을 대표합니다. 어떤 사람들은 삶의 방식 또는 함께 살아가는 방식이라고 말하기도 하는데, 이는 우리가 서로 연결되어 있다는 것을 상기시켜 줍니다. 회복적 사법정의는 건강한 관계를 만들고, 유지하고, 그리고 관계가 손상된 경우 이를 회복시키는 것에 관한 것입니다.

회복적 사법정의는 요리책에서 보는 것과 같이 쉽게 따라 할 수 있는 조리법이 아닙니다. 오히려 그것은 우리로 하여금 가치와 문화, 필요, 그리고 정의에 관하여 생각하도록 우리를 초대하는 아이디어의 집합입니다. 회복적 사법정의는 범죄나 학교에 관해서 뿐만 아니라, 우리가 지역공동체에서, 그리고 더 나아가 국제사회에서 함께 살아가는 방법에 관하여 나누게 될 대화로의 초대입니다.

나는 한국 도서출판 대장간이 회복적 정의에 관한 실천 시리즈를 꾸준하게 출판하고 있는 것을 알고 있습니다. 이를 나는 영광으로 생각합니다. 이 출판이 회복적 사법정의라는 중요한 대화를 나누는 데 기여하기를 희망합니다.

하워드 제어

개정판 역자 서문

The Little Book of Restorative Justice Revised & Updated Good
books, 2015가 나온지도 꽤 시간이 흘렀다. 2002년 출간된 이 책 초판
은 세계적으로 반향을 얻어 많은 언어로 번역되었다. 우리나라도
초판을 번역한 국가목록에 포함될 수 있게 된 것은 다행으로 생각
되지만, 개정판을 번역하여 독자들에게 제공하는 것은 일종의 의
무감의 발로로 여겨졌다. 개정판은 초판에 비해 단순히 분량만 늘
어난 제71쪽 -〉 104 쪽 아니다. 초판 발행 이후 회복적 실천프로그램
들의 강물이 형사사법제도의 경계를 넘어 삶의 현장까지 불어남에
따라 저자 하워드 제어가 품게 되는 회복적 접근법에 대한 비전의
확장도 개정판 곳곳에서 엿보이고 있다.

 역자들은 새로 추가된 내용과 바뀐 부분들을 찾아내어 남김없
이 반영하였을 뿐 아니라, 저자가 '가해자', '피해자'와 용어 사용
이 가지는 부정적인 이미지를 해소하기 위해 표현을 달리하고 있
는 부분 등 개정판에 담겨져 있는 저자의 의중을 가능한 한 그대로
추수하려고 하였다. 그 과정에서 초판 번역에서 발견된 어색하거

나 부족한 문장표현을 바로잡기도 했다.

그러나 전문어이든 일상어이든 적합한 우리말로 바꾸는 일은 여전히 난코스였다. Restarative Justice^RJ의 번역어로서는 문맥에 따라 '회복적 사법'도 가능하고 '회복적 정의'도 가능할 것이다. 이 때문에 회복적 원리와 철학을 반영한 실천 프로그램들이 범죄^crime를 다루는 형사사법 영역에서 뿐 아니라 잘못된 행동^wrongdoing 를 다루는 사법 이외의 다른 분야에서도 활발하게 개발되어 유용하게 사용되고 있음을 감안하면, 사법제도 울타리를 벗어난 경우에 사용되는 RJ는 '회복적 정의'로 번역하고, 형사사법과 관련된 부분에서는 '회복적 사법'이라는 용어를 고수하는 것이 최상의 방편일 듯하다. 독자들이 읽어내려 가면서 어느 번역어가 적절한지에 대해 스스로 판단해 보면서 읽어내려가는 것도 회복적 접근법의 원리와 철학에 대해 보다 깊은 통찰력과 비전을 가질 수 있는 기회가 될 수도 있을 것으로 보인다. 하지만 개정판 역본에서는 위 두 용어 외에 통합적 의미로 사용될 수 있는 또 다른 용어로 '회복적 사법정의'라는 용어를 사용하였는데, '회복적 사법정의'라는 새 조어造語는 출판사의 제안에 따른 것임을 밝혀둔다.

회복적 접근법에는 우리 모두가 서로 연결되어 있다는 세계관이 기초되어 있다고 보는 저자의 시각에 동의한다면, 회복적 접근법은 범죄 및 잘못된 행동에 대한 대응방안에서의 '패러다임의 전환'이기만 한 것은 아니다. 회복적 접근법은 서로 연결되어 우리가 우리의 부분들the part of us과의 관계 맺음에서 서로에 대한 존중감을 가지고 상호작용해야 할 '삶의 방식'way of life이기도 하다. '회복적'이라는 수식어에 담겨진 가치와 철학의 잠재력은 '회복적 사법'이나 '회복적 정의'라는 개념어를 넘어 다양한 분야에서 회복적 '경찰활동', 회복적 '교육생활' 또는 회복적 '교육' 등과 같은 신조어가 만들어져 널리 사용되고 있다.

이러한 저자의 비전에 우리의 상상력을 보태 이제 전 지구적 차원으로 눈을 돌려 보자. 이 조그만한 책자에 압축되어 있는 회복적 원리와 회복적 세계관으로부터 영감을 받은 독자들이 이 세상에 존재하는 모든 것들과의 관계 맺음에서 우리의 삶의 태도를 향도해 줄 '회복적 ○○'라는 신조어를 독자들이 창조하기를 바라는 역자들의 바램은 지나친 것일까?

2024년 2월

역자 일동

역자 서문

이 책은 회복적 사법정의의 창시자로 불리는 하워드 제어의 *The Little Book of Restorative Justice* Good Books, 2002를 번역한 것입니다. 미국에서 처음으로 피해자-가해자 대화모임 프로그램을 기획·주도한 하워드 제어는 1990년 *Changing Lenses : A New Focus for Crime and Justice*『회복적 정의란 무엇인가』, 손진 옮김, 대장간, 2012 / 『우리 시대의 회복적 정의』 개정증보판, 손진 옮김, 2019, 대장간 를 저술하여 회복적 사법정의를 이론적으로 체계화하였습니다. 초기 저작에서 하워드 제어는 응보적 사법과 회복적 사법정의를 극명하게 대비시키면서 회복적 사법정의의 필요성을 주장하였습니다. 그러나 정의와 평화 실천 시리즈에서는 이러한 극단적인 대비를 지양하고, 현재의 형사사법제도의 장점들을 살리면서 동시에 회복적 사법정의의 철학과 원리에 기초하여 보다 회복지향적으로 사법을 실현할 필요가 있음을 강조하고 있습니다. 이러한 입장의 변화에 관한 상세는 '해제' 참조

범죄에 대하여 전통적인 형사사법이 주로 범죄자를 처벌하고 재범을 막는 것을 지향하였다면, 회복적 사법정의는 범죄행위의 이해관계자인 피해자, 가해자, 공동체가 자발적으로 참여하여 범

죄행위로 인하여 발생한 피해와 손상된 관계를 회복하려는 새로운 시도라고 할 수 있습니다. 이러한 의미의 회복적 사법정의는 1980년대 북미를 중심으로 처음 실천되고 이론화된 이래, 전 세계적으로 많은 관심을 불러일으켰습니다. 이에 따라 유엔은 1999년 「형사사법에 있어서 조정 및 회복적 사법의 실천과 발전방안」이라는 제목의 결의안을 통과시켰고, 2002년에는 그 실천지침으로 「형사절차상 회복적 사법 프로그램 활용에 관한 기본원칙」을 마련하여 회원국이 형사사법절차의 모든 단계에서 회복적 사법 프로그램을 활용할 것을 권고하고 있습니다.

이러한 국제적인 추세와는 달리, 우리나라에서는 아직도 회복적 사법정의라는 말을 처음 접하는 사람들이 많은 것이 현실입니다. 그러나 우리나라에서도 이미 2000년대 들어서부터 형사법 분야에서, 특히 피해자학이나 피해자보호 차원에서 회복적 사법에 관한 논의가 있었습니다. 그리고 실무에서도 회복적 사법정의의 이념을 반영한 제도들이 일부 시행되기 시작하였습니다. 2006년부터 검찰에서 피해자−가해자 조정을 중심으로 한 형사조정제도가 시범적으로 실시되어 오다가 2010년 범죄피해자 보호법의 개정

으로 법적 근거가 마련되었고, 2007년 소년법 개정으로 소년보호
사건에 화해권고제도가 도입·시행되고 있습니다. 세계적인 형사
사법의 추세에 비추어보면, 앞으로 회복적 사법정의의 이념을 반
영한 제도들은 이 외에도 더 많이 개발되고 시행될 것입니다.

이 책은 회복적 사법정의의 철학과 원리를 간략하게 해설한 요
약서로서, 회복적 사법정의라는 용어를 들어본 적이 있으나 그 의
미가 무엇인지 궁금한 사람들이나 이 분야에 종사하고 있지만 무
엇을 해야 할지 잘 알지 못하여 방향을 잃어버린 사람들에게 매우
큰 도움이 될 것으로 생각합니다.

이 책의 번역은 이화여자대학교 법학전문대학원의 2012년 2
학기 형사정책 수업시간에 이 책을 교재로 9명의 학생강지선, 김묘진,
김본미, 김유영, 박소정, 안주현, 이지숙, 임현정, 황진주이 분담하여 번역·발
표하고 토론한 것이 그 실마리가 되었습니다. 이 단계에서는 번역
서를 출간한다는 생각을 하지 못했는데, 이후 한국어판 저작권을
보유하고 있는 KAP와 협의하여 번역서를 출간하기로 하였습니
다. 번역은 회복적 사법에 관심이 있는 실무가와 연구자들이 모여
2010년부터 매월 1회 다양한 주제에 관하여 발표·토론하는 회복

적 사법포럼의 회원들이 하기로 하였습니다. 이에 따라 감역자 중 조균석 교수, 김성돈 교수를 제외한 번역자들은 이화여자대학교 법학전문대학원 학생들이 번역하였던 것을 참고하면서 완전히 새롭게 다시 번역하였고, 이것을 회복적 사법포럼에서 발표하였습니다. 포럼에서는 직접 번역에 참가하지 않는 회원들을 포함하여 심도 있는 토론이 이루어졌습니다.

이 책은 70페이지 정도의 많지 않은 분량의 책이지만, 번역의 과정은 쉽지 않았습니다. 회복적 사법정의의 이념과 저자의 의도를 충실히 반영하기 위하여 용어와 문장 하나하나마다 많은 논의와 논쟁을 하였습니다. 이러한 과정을 거쳐 마련된 번역문 초안을 연구년으로 일본 체재 중인 조균석 교수와 독일 체재 중인 김성돈 교수가 최종적으로 수정·보완하여 번역문을 완성하였습니다. 이제, 지난 2년여 동안 회복적 사법포럼 회원들이 번역한 것을 한 권으로 묶어 출간합니다. 이러한 노력의 결과로 발간된 이 책은 회복적 사법정의의 이념과 저자의 의도를 다른 어느 역서보다도 충실히 잘 반영하고 있다고 자부합니다.

앞으로 이 책을 통하여 국내의 많은 연구자 및 실무가, 그리고 일반시민들이 회복적 사법정의의 철학과 이념을 잘 이해하게 되고, 나아가 범죄는 물론 개인 및 집단 간의 분쟁과 갈등을 회복적 방식으로 해결하는 데 조금이라도 도움이 될 수 있기를 기대해 봅니다.

마지막으로 이 책 번역의 실마리를 제공해 준 이화여자대학교 법학전문대학원 학생들에게 감사드리고, 모두 뜻하는 대로 법조인이 되어 앞으로도 계속하여 회복적 사법정의를 실천하는 데 관심을 가져주기를 바랍니다. 그리고 비록 번역에는 직접 참가하지 않았지만 회복적 사법포럼에서 함께 토론에 참여한 이주형·김택균 부장검사, 나영민 경정, 홍정원 보호관찰소장, 김지선 한국형사정책연구원 선임연구원, 윤지영 부연구위원, 김차연 변호사, 강지명·박혜진·이강민 박사, 백일홍 박사과정생, 신지원 사법연수생에게 깊은 감사를 드립니다.

2015년 1월

역자를 대표하여 조균석
이화여자대학교 법학전문대학원 교수

"회복적 정의사법는

건강한 관계를 만들고, 유지하고,

관계가 손상된 경우

이를 회복시키는 것에 관한 것이다."

– 하워드 제어 –

제1장 • 개관

잘못된 행동wrongdoing에 대해 사회는 어떻게 대응해야 하는가? 범죄가 발생하거나 정의롭지 못한 일이 자행되거나 피해가 생길 경우, 정말 필요한 것은 무엇일까? 정의가 요구하는 것은 무엇일까? 이러한 질문에 대한 절박함이 뉴스매체에서 보도되는 사건을 통해 매일 강조되고 있다.

우리의 관심이 범죄에 대한 것이든 아니면 다른 가해행위와 피해에 대한 것이든, 서양의 법제도는 이러한 관심사에 대한 우리의 사고방식을 정립하는 데 막대한 영향을 끼쳤고, 그 영향력은 단지 서양세계에만 국한되지 않고 세계의 다른 많은 지역에까지 확산되었다.

서양의 법체계가 정의를 추구하는 방식은 몇 가지 중요한 장점을 가지고 있다. 그러나 점점 더 많은 이들이 이 체계가 한계를 가지고 있고 실패한 부분도 없지 않음을 인정하고 있다. 피해를 입은 사람들, 피해를 야기한 사람들, 그리고 공동체 구성원들은 일반적으로 서양의 법체계에 의해 만들어진 형사사법절차criminal justice process가 그들의 필요needs를 제대로 충족시켜 주지 못한다고 느낀다. 마찬가지로 판사나 변호사, 검사, 보호관찰관, 교정관과 같은 사법전문가들도 좌절감을 자주 토로한다. 많은 사람들은 형사사법절차가 치유나 평화를 가져다주기 보다는 사회적 상처나 갈등을 오히려 심화시킨다고 느낀다.

회복적 사법정의는 이러한 필요나 한계를 다루고자 하는 하나의 시도이다. 1970년대 이후 다양한 프로그램과 접근방식이 세계의 수많은 공동체와 국가에서 등장하고 있다. 이러한 프로그램들은 주로 기존의 사법제도 내에서, 또는 이와 병행하여 시행되는 선택지로서 제시되었다. 그러나 1989년부터 뉴질랜드는 회복적 사법정의를 중심축으로 하여 전체 소년사법시스템을 개혁하였다.

오늘날 회복적 사법정의는 전 세계의 많은 지역에서 희망의 상징이자 나아가야 할 방향으로 여겨지고 있다. 이러한 기대가 이루어질지는 앞으로 더 지켜봐야 할 것이다. 그러나 많은 이들은 이에 대해 낙관적인 전망을 하고 있다.

회복적 사법정의는 정확하지 않은 경우도 많지만 상대적으로 경미한 범죄로 여겨지는 주거침입절도와 다른 재산범죄를 다루기 위한 노력의 일환으로 시작되었다. 그러나 오늘날 일부 공동체에서는 회복적 접근방식을 음주운전으로 인한 사망이나 폭행, 강간, 심지어 살인과 같은 가장 중한 형태의 폭력범죄에도 적용하고 있다. 또한, 남아프리카공화국의 「진실과 화해위원회」Truth and Reconciliation Commission의 경험을 바탕으로 회복적 사법정의의 틀을 대규모 집단적 폭력에까지 적용하려고 노력하고 있다.

이러한 회복적 접근방식과 실천은 형사사법제도에 한정되지 않고 초·중·고등학교, 대학교, 직장, 종교단체로까지 퍼져 나가고 있다. 어떤 사람들은 "써클 절차"circles processes, 캐나다 원주민사회에서 시작된 관행의 일종와 같은 회복적 접근방식을 일반적으로 갈등을 극복하고, 해결하며, 변화시키는 방법으로 이용하자고 주장한다. 그리고 다른 사람들은 써클 절차나 다른 회복적 접근방식을 공동체를 형성하고 치유하기 위한 방법으로 추구하기도 한다. 회복적 사법정의를 옹호하는 저명인사 중 한 사람인 케이 프라니스Kay Pranis는 써클을 매우 단순한 다수결원리를 뛰어넘는 참여민주주의의 한 형태라고 평가한다.

서양의 법체계에 의하여 전통적인 사법 및 갈등해결 절차가 대체되었거나 더 이상 활용하지 못하게 된 사회에서, 회복적 사법정의는 전통적인 절차들을 재검토하고 때로는 이를 재가동시키는 하나의 틀을 제공하고 있다. 나는 때때로 회복적 사법정의를 현대의 인권 감수성과 해악 또는 갈등에 대한 전통적 접근법 속의 핵심 요소들이 조합되어 있는 것으로 생각한다.

이처럼 "회복적 사법정의"라는 용어가 다양한 프로그램과 실천을 포괄하고는 있지만, 그 핵심에는 일련의 원리와 철학, 그리고 대안적인 화두가 담겨져 있다. 회복적 사법정의는 궁극적으로 잘못된 행동에 대하여 어떻게 대처해야 하는가에 관한 대안적 사고의 틀을 제공한다. 앞으로 이 책에서 그러한 틀에 대하여 검토하고, 어떻게 현실에서 적용되는지를 추적하고 예를 들 것이다.

왜 이 책인가?

이 책에서 나는 회복적 사법정의에 대한 옹호론을 전개할 생각도 없고, 회복적 사법정의의 접근법에 대한 다양한 함의들을 밝혀내지도 않을 것이다. 그 보다 이 책의 기획의도는 회복적 사법정의를 간략하게 기술하고 개관하는 일종의 요약서가 되도록 하는 일에 있다. 이 책에서도 회복적 사법정의 프로그램과 실천에 대하여 소개하겠지만, 특히 중점을 둘 내용은 회복적 사법정의의 원리 내지 철학이다. 또한, 이러한 방법의 많은 실천모델에 대해서는 정의와 평화 만들기 소책자 시리즈의 다른 책들이 보다 철저히 탐구하고 있다. 이러한 책들의 목록은 이 책의 말미에 수록되어 있다.

『회복적 정의/사법 리틀북』이라는 제목의 이 책은 회복적 사법정의라는 용어를 들어본 적이 있고, 그 의미가 무엇인지 궁금해 하는 사람들을 위한 책이다. 그러면서도 이 책은 우리가 어디로 가고 있고 무엇을 지향점으로 삼아야 할 것인지를 분명히 하려는 시도를 한다. 왜냐하면 관련 분야에 종사하고 있는 우리는 흔히 이러한 방향성과 목표를 놓치기 십상이기 때문이다.

변화를 위한 모든 시도가 그러하듯이, 회복적 사법 역시 확대·발전되어 가는 과정에서 이따금씩 그 방향을 상실하는 경향성이 있다. 점점 더 많은 프로그램들이 "회복적 사법정의"라고 불리게 되면서 회복적 사법정의의 의미가 가끔은 퇴색되거나 혼동되기도 한다. 때로는 피하기 어려운 현실세계의 압력 때문에 회복적 사법정의가 그 원리에서 벗어나 미묘하게 바뀌거나 왜곡되기도 한다.

피해자를 지원하는 단체는 특히 이러한 점을 염려하고 있다. 회복적 사법정의는 피해자에 방향을 맞추고 있다고 주장하지만, 실제로 그런지는 의문

**회복적 사법정의는
피해자에 방향을
맞추고 있다**

이다. 피해자 단체들은 회복적 사법정의가 주로 가해행위를 한 자를 위해 보다 적극적인 방식으로 작동될 수 있도록 하려는 바람에 의해 동기부여되어 온 데 대해 종종 우려를 표명하기도 한다. 회복적 사법에 의해 개선 또는 대체되고자 하는 기존의 형사사법제도와 마찬가지로 회복적 사법 역시 1차적으로는 가해자를 대상으로하는 방식일 수도 있다.

반대로 다른 사람들은 회복적 사법 분야가 가해행위를 한 자의 필요에 대하여 적절하게 대응하였는지, 그리고 이들이 회복되도록 충분히 노력하였는지 의문을 제기하기도 한다. 회복적 사법정의 프로그램들은 피해를 야기한 사람들로 하여금 의무를 이행하고 그들 자신의 행동방식을 바꾸도록 적절한 지원을 제공하는가? 회복적 사법정의 프로그램들은 피해들을 야기한 사람들을 가해자가 되도록 만들었다고 하는 피해를 적절히 다루고 있는가? 이러한 프로그램들은 단지 가해행위를 한 자를 처벌하는 새로운 방식에 지나지 않는 것은 아닌가? 전체적으로 볼 때 공동체는 또 어떠한가? 공동체는 그들이 의무에 참여하고 의무를 인식하도록 적절히 기회를 제공하고 도움을 주고 있는가?

또 다른 우려사항은 회복적 사법에 대해 분명한 태도를 표명하

고 실천을 함에 있어서, 사회에 만연해 있는 인종적 경제적 차별불평등을 우리가 재생산하고 있는 것은 아닌가 하는 점이다. 예를 들어, 회복적 사법정의는 미국에서 그렇듯이 주로 백인들에게 적용되고 있지 않는가? 회복적 사법정의가 잠복되어 있는 차별을 적절하게 다루는 방법이 될 수 있는가?

사법 영역에서 변화를 도모하였던 과거의 경험에 비추어보면, 최선의 의도를 가지고 변화를 희망하였으나 불가피하게 궤도를 이탈하거나 변질되는 일이 생기기도 한다는 점에 주의를 기울여야 한다. 변화를 추구하는 사람들이 이러한 일이 쉽게 일어날 수 있다는 사실을 인식하고 이를 미리 파악하지 않는다면, 그러한 노력의 결과가 처음에 의도하였던 것과는 매우 다르게 나타날 수도 있다. 사실 "개선"하려고 하였지만 실제로는 개혁하고 대체하고자 구상하였던 것 보다 더 나쁜 결과를 초래할 수도 있다.

이러한 궤도이탈의 문제에 대처하는 중요한 안전조치 중 하나는 핵심원칙들과 가치들에 주의를 기울이는 것이다. 원칙들과 가치들에 대하여 분명하게 이해하고, 이들을 염두에 두면서 프로그램을 구성하고, 이러한 원칙들과 가치들에 따라 평가받겠다는 열린 자세를 가지고 있다면, 궤도를 이탈하지 않을 가능성은 훨씬 더 커질 것이다.

어떻게 보면 회복적 사법 분야는 너무나 빨리, 그리고 너무나 다양한 방향에서 발전해 왔기 때문에 통합적이고 창의적인 방향으로 나아갈 방법을 찾기 어려울 때도 있다. 구불구불하고 보이지 않던 길을 찾아 나가는 데 있어, 나침반 역할을 할 수 있는 것은 원칙과 목표에 관한 명백한 비전 뿐이다.

이 책에서는 회복적 사법정의의 개념과 그 원칙들을 간결한 용어로 분명하게 표현하려고 노력한다. 그러나 한편으로 이 책에서 제시하는 틀이 일정한 한계를 가진다는 점을 인정하지 않을 수 없다. 나는 대체로 비록 비판적이며 개방적인 관점을 가지려고 스스로 노력하고 있지만, 회복적 사법정의에 대한 이상 때문에 나도 모르게 편견에 빠지기도 한다. 편견에 빠지지 않으려고 노력하고 있음에도 불구하고, 나는 나 자신의 "렌즈"를 통하여 글을 쓰고 있으며, 그 렌즈는 유럽계 중산층 백인 남성이면서 기독교인이자 메노나이트 교도인 현재의 나에 의하여 만들어지는 것이다. 이러한 이력뿐 아니라 나와 관계되는 이해관계들과 가치들이 나의 목소리와 나의 비전 형성에 필연적으로 영향을 미치고 있다.

회복적 사법정의의 원칙들에 대한 대체적인 윤곽에 대하여 어느 정도 이 분야에서 합의가 되어 있는 것이 사실이지만, 앞으로 다룰 모든 내용에 대하여 논란이 없는 것은 아니다. 여러분이 이 책에서 읽고 있는 내용은 내가 이해한 회복적 사법정의이다. 그러므로 반드시 다른 사람들의 주장과 비교하여 검토되어야 할 필요가 있다.

마지막으로, 이 책은 북미라는 지역적 맥락 속에서 서술된 것이다. 여기에 쓰인 용어와 제기되는 문제들, 심지어 개념이 형성되는 방식에는 상당 부분 내가 발을 딛고 있는 북미지역의 현실이 반영되어 있다. 초판은 다른 언어로 널리 번역되었다. 그러나 번역을 위해서는 단순한 언어적 표현을 넘어서는 다른 맥락들까지 고려될 것이 요구된다.

그렇다면 이러한 배경과 조건들 속에서 "회복적 사법정의"를 무엇이라고 말할 수 있을까? 회복적 사법정의라는 용어를 둘러싸고 너무나 많은 오해들이 있기 때문에, 회복적 사법정의가 '아닌 것'이 무엇인지부터 명확히 밝히는 것이 보다 더 중요하다고 생각한다. 그러나, 이 작업을 하기 전에 이 개정판에 대하여 몇 마디 하고자 한다.

개정판에 대하여

이 책이 처음 출판된 2002년 이후로 많은 일들이 일어났다. 이 책은 11만 부 이상이 팔렸으며, 일본, 구舊 체코슬로바키아, 파키스탄, 그리고 이란과 같은 나라에서도 번역되었다. 이러한 점은 회복적 사법정의 영역은 지난 세월 동안 계속해서 확산되고 발전하였으며, 형사사법의 맥락을 훨씬 벗어나고 있음을 시사한다. 사실 영국의 여러 도시들, 뉴질랜드, 대한민국, 그리고 다른 지역에서 회복적 도시restorative cities가 된다는 것이 무엇을 의미하는지를 시험해 왔다. 미국의 몇몇 의료서비스 시스템에서는 의료과실 가능성이 있는 사례를 해결하기 위하여 회복적 접근방법restorative-oriented approaches을 채택하고 있으며, 이는 환자와 의사가 보다 자유롭게 필요와 의무에 대하여 상호 소통할 수 있도록 돕고 있다. 일부 옹호자들은 회복적 사법정의가 사실상 삶의 방식a way of life이라고 주장한다.

적어도 미국 내에서 회복적 사법정의가 가장 크게 성장한 영역은 초·중·고등학교였고, 최근에는 대학교에서도 성장세를 보이고 있다. 이 책은 형사사법 절차에 초점을 맞추고 있으나 이 소책자 시리즈의 다른 책들은 교육적 맥락의 문제를 특별히 취급하고 있다.

형사사법 영역에서도 회복적 사법은 확장되고 있다. 미국의 대부분 주에서 법률과 정책에 회복적 사법 원칙 또는 관행을 참고하고 있다. 몇몇 나라에서는 회복적 사법에 영감을 받는 국가 단위의 모델을 개발하고 있다. 초판 당시 범죄 사건에 사용된 대부분의 회복적 사법정의 프로그램은 공식적 기소가 이루어진 이후에 활용되었다. 그러나 사건들을 공식 시스템에서 제외시키기 위한 방식들이, 특히 인종적 차별 문제를 해결하기 위한 노력의 일환으로 오늘날 더욱 빈번하게 사용되고 있다.

미셸 알렉산더Michelle Alexander의 중요한 저서인 *The New Jim Crow: Mass Incarceration in the Age of Colorblindness*가 미국 형사사법 시스템에서 인종 차별이 만연하고 있고, 그 함의가 무엇인지에 대하여 심대한 자각을 불러일으키고 있다. 이러한 유형의 차별에 기여하거나 차별을 재생산할 수 있을지도 모른다는 우려를 적절하게 고취시켰다. 현장은 이러한 가능성을 적절하게 추적·관찰해 왔는가? 우리는 회복적 사법정의가 이 문제를 다루기 위하여 적극적으로 활용될 수 있는지에 대하여 충분한 숙고를 해왔는가?

우리는 회복적 사법정의를 말하고 실천하는 방식에 내재되어 있는 편견과 어림짐작의 가능성을 충분하게 고려하였는가? 우리는 회복적 사법정의가 개입하여야 하는 것에 대한 다양한 목소리를 격려하고 경청해 왔는가? 이러한 물음들은 이 책이 대답할 수 없는 절박한 문제들이다. 바라건대, 이 책이 장래 심도있는 논의를 위한 촉매제 역할을 할 수 있게 되기를 소망할 따름이다.

"피해자"와 "가해자"라는 호칭에 대해서도 점차적으로 의문이 생기고 있다. 이들 용어가 형사사법체계에서 공통적으로 사용되고 있지만, 지나치게 단순화시키고 정형화하는 경향이 있다. 범죄학에서 낙인이론labeling theory은 낙인이 종종 대상자를 재단하고, 그 상대방은 낙인된 대로 되어가는 경향이 있음을 강조한다. 학교와 같은 많은 상황에서 잘못에 대한 책임은 분명하지 않고, 일부 책임은 모든 구성원에게 있을 수도 있다; "피해자"와 "가해자"라는 낙인은 이러한 맥락에서 특히 부적절할 수 있다. 이러한 단순한 낙인에 대한 대안으로 어색하지만 이 개정판에서 나는 이들 용어를 제거할 수는 없지만 그 사용을 최소화하려고 노력하였다.

거의 모든 영역에서 논란거리가 될 수 있는 것 중의 하나는 회복적 사법이냐 회복적 실천이냐를 둘러싼 용어 사용의 문제이다. 회복적 접근들은 예를 들어 학교에서와 같이 "사법"이라는 용어사용이 적절하지 않을 수 있는 문제해결이 요구되는 많은 상황들에서 활용되고 있다. 나는 이런 응용분야들을 보게 되어 기쁘기는 하지만, "사법"이라는 용어가 가진 한계를 기꺼이 인정하지 않을 수 없다. 그러나 나의 경험에 의하면 대부분의 갈등과 해악은 부정의 injustice라는 경험 또는 인식을 포함하고 있다. 이로 인해, 정의적 차원에 대한 인식을 잃지 않는 것을 더 선호한다. 따라서 나는 이 책에서 회복적 "정의/사법justice"이라는 용어를 계속 사용한다. 그러나 어떤 맥락에서는 회복적 실천이라는 용어가 더 적절할 수 있다는 점도 인정한다.

이하에서는, 내 생각에 회복적 사법정의가 아닌 것이 무엇인지에 관해 언급해두고자 한다.

회복적 사법정의가 아닌 것들…

● 회복적 사법정의는 일차적으로 용서나 화해에 관한 것이 아니다

일부 피해자와 피해자 지원자들이 회복적 사법에 대하여 부정적 반응을 보이는 이유는 회복적 사법정의 프로그램이 피해자가 피해를 입힌 사람들을 용서하거나 화해하도록 장려하고, 심지어는 화해를 강요할 목적을 가지고 있다고 생각하기 때문이다.

앞으로 살펴보겠지만, 용서나 화해는 회복적 사법정의의 주된 원리나 초점이 아니다. 회복적 사법정의가 용서나 화해 중 어느 하나 또는 둘 모두가 전개될 수 있는 상황을 제공하는 것은 사실이다. 실제로 어느 정도의 용서, 더 나아가 화해—적어도 적대감이나 공포의 완화—는 통상의 형사사법제도에 설계된 대립 당사자주의적 무대 보다는 회복적 사법정의가 제공하는 상황에서 훨씬 더 빈

번하게 이루어지는 것처럼 보이기도 한다. 그러나 이것은 전적으로 참가자들에게 달려있는 하나의 선택지일 뿐이다. 용서나 화해는 회복적 절차의 전제조건이나 필연적 성과물이 아니다.

● **회복적 사법정의는 반드시 과거 상황으로 돌아가는 것을 의미하지는 않는다.**

"회복적"이라는 용어가 때때로 논쟁의 대상이 되고 있는 이유는 이 용어가 잘못이나 손상이 전혀 일어나지 않았던 과거로 돌아가는 것을 함축하는 것으로 보일 수 있기 때문이다. 그러나 이러한 일은 일어날 가능성이 없을 것 같다. 특별히 중대한 피해가 발생한 경우는 더욱 그렇다. 자녀가 살해당한 린 샤이너Lynn Shiner는 "다시re-"라는 단어는 없다고 말한다: "저는 과거의 어떤 일도 재정리reorder할 순 없습니다. 만약 재정리할 수만 있다면, 흩어진 조각들을 주워서 거꾸로 다시 맞추어 갈 수 있을 텐데 말입니다. … 당신은 새로운 삶을 형성하고 만들어낼 수 있습니다. 하지만 저는 맞춰가야 할 과거의 제 삶 속에서 나오는 몇가지 조각들을 가지고 있을 뿐입니다."[1]

현실에서 과거로 돌아간다는 것은 거의 가능하지도 않고 심지어 바람직하지도 않다. 예를 들어, 학대나 트라우마 또는 오랫동안 지속된 잘못된 행동 패턴을 가진 사람은 다시 돌아갈 건강한 개인적 또는 관계적 상태를 가지고 있지 못할 가능성이 있다. 그들의

---

[1] Howard Zehr, *Transcending : Reflections of Crime Victims*(Good Books, 2011), 9.

상황은 회복보다는 변화transform될 필요가 있다. 간단히 말해서 회복적 사법정의는 인종차별이나 억압을 영속화하는 것이 아니라 변화시키는 것을 목표로 한다.

회복적 사법정의는 종종 새로운 의미의 정체성과 건강성 또는 새롭고 보다 건강한 인간관계를 향한 움직임을 포함한다. 많은 옹호자들은 이것을 세상에 대한 희망과 공동체 의식을 회복하는 방법으로 여긴다. 나에게 온 최근의 이메일에서 회복적 사법 실무자이자 변호사인 파니어 데이비스Fania Davis는 이렇게 말한다.

"갈등 이전pre-conflict 상태로 돌아가는 것이 아니라 항상 그대로 존재해 왔던 최선의 자아로 돌아가는 것입니다. 회복적 절차는 그것이 잘 도모되어질 경우 사람들, 관계, 그리고 공동체의 변화 가능성을 만들어 냅니다. 이것은 종종 갈등 이전의 상태로부터 급진적으로 벗어나게 됩니다. 그러면 우리는 무엇을 회복시킵니까? 저에게 있어서 그것은 선한 방식으로 서로에게 연결되기를 진정으로 원하는 우리의 그 부분to the part of us으로 돌아가는 것입니다. 우리 모두에게 내재되어 있는 선함으로 돌아가는 것입니다. 누군가는 우리 모두에게 존재하는 신성divinity으로 돌아가는 것이라고 말할 수도 있을 것입니다. 또는 원주민 장로들elders이 말하는 대로라면 모든 것에 연결되어 있는 우리의 그 부분으로 돌아가는 것입니다."

● 회복적 사법정의는 조정이 아니다

조정 프로그램mediation programs과 마찬가지로, 많은 회복적 사법정의 프로그램 역시 피해를 입은 사람과 피해를 야기한 사람 또는 가족이나 공동체 구성원이 함께 참여하는 대면encounter이나 전문 진행자가 주선하는 만남meeting을 염두에 두고 계획된다. 그러나 회복적 사법정의 프로그램에서 반드시 대면이 이루어져야 하는 것은 아니며, 대면이 항상 적절한 것도 아니다. 또한, 회복적 접근방식은 가해자가 아직 검거되지 않은 경우나 한 쪽 당사자가 다른 쪽 당사자를 만나는 것을 꺼려하거나 만날 수 없는 때에 오히려 더 중요한 역할을 한다. 따라서 회복적 접근방식이 대면에만 국한되는 것은 아니다.

비록 대면이 이루어지더라도 "조정"이라는 용어는 대면에서 전개될 수 있는 상황에 대한 적절한 표현이 아니다. 갈등이나 분쟁 조정과정에서 당사자들은 도덕적으로 공평한 경쟁의 장場에 있으며, 때로는 모든 측면에서 책임을 분담할 필요가 있는 것으로 간주된다. 일부 형사사건에서는 비난을 분담한다는 생각이 맞을 수도 있으나, 대부분의 사건에서는 그렇지 않다. 강간 피해자나 심지어 주거침입절도의 피해자도 "갈등당사자"로 알려지는 것을 원치 않는다. 실제로 피해자들이 스스로를 비난하려는 경향성을 극복하기 위하여 애쓰는 것은 아마도 당연한 이치일 것이다.

어쨌든 대부분의 회복적 사법정의의 대면 프로그램에 참가하기 위해서는, 잘못을 범한 사람은 가해행위에 대하여 어느 정도의 책임이 있음을 인정하여야 한다. 또한, 그러한 프로그램에서는 무엇이 잘못된 행동이었는지를 분명하게 밝히고 이를 인정하는 것이 하나의 중요한 구성요소이다. 조정이라는 "중립적인" 언어는 많은 사건에서 오해를 불러일으키거나 심지어 불쾌감을 느끼게 할 수도 있다.

비록 "조정"이라는 용어가 회복적 사법 분야에서 일찍부터 사용되어 왔으나, 위에서 언급한 이유들로 인하여 "회합conferencing" 또는는 "대화dialogue"와 같은 용어로 점차 대체되고 있다.

● 회복적 사법정의의 주된 목적은 재범 감소가 아니다

회복적 사법정의 프로그램은 많은 지지를 얻기 위하여 종종 재범을 줄이기 위한 방법으로 홍보되거나 평가되기도 한다.

사실 회복적 사법정의 프로그램을 통하여 범죄가 감소되었다고 볼 만한 충분한 근거가 많이 있다. 지금까지의 연구는 실제로 재범 감소라는 주제에 대해 매우 고무적이다. 그럼에도 불구하고 재범 감소라는 결과가 반드시 회복적 사법정의 프로그램을 시행해야 하는 이유는 아니다.

재범 감소는 일종의 부수적인 결과물일 뿐이고, 회복적 사법정의는 무엇보다도 마땅히 해야 할 올바른 일이기 때문에 행해진다. 피해로 고통받고 있는 사람들은 그들의 필요가 확인되어 표출될 수 있어야 한다 . 피해를 야기한 사람들은 책임을 지도록 권장되어야 한다. 가해행위로 영향을 받은 사람들도 그 과정에 참여하여야 한다. 이는 피해를 야기한 당사자가 자신의 잘못을 깨닫고 잘못을 줄이는 것과 관계없이 이루어져야 한다.

● 회복적 사법정의는 하나의 특별한 프로그램 또는 한 장의 청사진이 아니다

많은 프로그램들이 회복적 사법정의의 일부분 또는 전체를 그 내용에 담고 있다. 그러나 모든 공동체에서 이상적으로 받아들여지거나 또는 간단하게 시행할 만한 순수한 모델은 없다. 이 분야에 대하여 계속 연구하고 있지만, 아직도 여전히 배우기 위하여 열심히 노력해야 하는 단계이다. 회복적 사법정의 프로그램을 처음 시작했던 우리들 중 누구도 상상할 수 없었던 가장 놀랄만한 실천 프로그램들이 지난 몇 년 동안에 등장하였고, 틀림없이 앞으로도 훨씬 더 많은 새로운 아이디어가 대화와 실천을 통하여 탄생할 것이다.

회복적 사법정의는 지도가 아니라 나침반이다

모든 모델들은 어느 정도 문화와 관련성을 갖는다. 그러므로 회복적 사법정의는 공동체들이 대화를 통하여 그 필요와 재원들을 평가하고, 원칙들을 그 공동체의 상황에 적용함으로써 아래로부터bottom up 형성되어야 한다.

회복적 사법정의는 지도map가 아니다. 그러나 회복적 사법정의의 원칙들은 방향을 알려주는 나침반compass이 될 수는 있다. 최소한, 회복적 사법정의는 우리를 대화와 탐구로 이끄는 초대장인 것이다.

● 회복적 사법정의는 상대적으로 "경미한" 범죄나 초범을 주된 대상으로 하는 것이 아니다

이른바 "경미한" 사건을 다루는 프로그램이 공동체로부터 지지를 받기가 더 쉬울지 모른다. 그러나 회복적 접근방식은 오히려 중한 사건을 다룰 때 그 효과가 극대화된다는 사실이 경험을 통하여 입증되고 있다. 더구나 회복적 사법정의의 원칙들을 진지하게 받아들인다면, 회복적 접근방식이 중한 사건에 더 절실히 필요하다는 사실을 알 수 있다. 회복적 사법정의를 이끄는 길잡이 질문들 이하 80쪽 참조은 매우 어려운 상황에서 사법적으로 어떻게 대응하는 것이 적절한지를 판단하는데 도움을 줄 수 있다. 가정폭력은 아마도 회복적 사법정의를 적용하기에 가장 문제가 되는 영역이므로, 각별한 주의가 요구된다. 그러나 이 분야에서도 성공적인 회복적 접근방식들이 등장하고 있다.

회복적 접근들은 증오범죄hate crime, 왕따와 같은 괴롭힘bullying, 아동에 대한 성적 학대child sexual abuse 등을 포함한 심각한 힘의 불균형이 존재하는 모든 범죄들의 경우 어려움에 봉착해 있다. 프로그램 설계는 반드시 힘의 불균형을 고려하여야 하고, 전문진행자facilitator는 폭력에서 발생하는 중요한 이슈에 대하여 익숙해지도록 철저하게 훈련이 되어 있을 필요가 있다. 이는 얼마든지 가능한 일이고, 많은 이들이 주장하듯이, 이 일들이 잘 진행되면 기존의 제도가 위와 같은 이슈들을 해결하려고 시도하는 것보다 더 나은 결과를 만들어낼 수 있다.

회복적 사법정의 프로그램은 청소년에게 최적의 프로그램인 것 같아 보인다. 그러나 회복적 사법정의는 성인에게도 똑같이 적용될 수 있고, 많은 프로그램들은 양자 모두를 위하여 설계되어 있다.

● 회복적 사법정의는 전혀 새로운 것이 아니며, 북미지역에서만 발전한 것도 아니다

현대적 의미에서의 회복적 사법정의의 모델은 1970년대에 몇몇 북미 공동체에서 실험적 프로젝트들로부터 발전되었다. 메노나이트 신자와 다른 실천가들은타리오 주와 이후 인디아나 주에서은 그들의 신앙과 평화의 시각을 냉혹한 형사사법의 세계에 적용하려는 노력의 일환으로, 위 공동체들 내부에서 피해자-가해자 대면프로그램을 시행하였고, 이 프로그램이 나중에 전 세계적으로 널리 시행된 프로그램들의 모델이 되었다. 회복적 사법정의의 이론은 초창기의 이러한 특별한 노력들로부터 발전되었다.

그러나 회복적 사법정의 운동은 진공상태에서 발달한 것은 아니다. 이 운동은 그 이전의 활동들과 다양한 문화적·종교적 전통으로부터 매우 큰 영향을 받았다. 많은 원주민 전통은 중요한 회복적 요소를 가지고 있었고, 현재도 여전히 그러하다. 특히, 회복적 사법정의는 북미와 뉴질랜드의 원주민들로부터 큰 영향을 받았고, 그 밖의 다른 전통들도 갈수록 더 많은 영감을 제공하고 있다. 회복적 사법정의의 선례와 뿌리는 1970년대에 메노나이트 신자들이 주도했던 것보다 훨씬 더 광범위하고 심오하다. 사실 그것은 인류의 역사만큼이나 오래된 것이다.

● 회복적 사법정의는 만병통치약이 아니고, 반드시 기존의 법제도를 대체하고자 하는 것도 아니다

현재 실천되고 있는 모습의 회복적 사법정의는 결코 모든 상황에 대한 해답이 아니다. 아무리 이

**회복적 사법은
범죄의 개인적 · 대인관계적
차원을 강조한다**

상적인 세계를 가정한다고 할지라도, 회복적 사법이 기존의 사법제도를 대체할 것 같지도 않다. 많은 사람들은 회복적 사법이 널리 도입된다고 하더라도, 서양의 법제도 중 일부이상적으로는 회복 지향의 법제도는 여전히 기본적 인권의 지지자이자 수호자로서 필요할 것이라고 생각한다. 실제로 뉴질랜드에서는 회복적 소년사법제도 내에서 소년법원이 이와 같은 기능을 수행하고 있다.

회복적 사법을 주장하는 대부분의 사람들은 범죄가 공적 측면과 사적 측면을 모두 가지고 있다고 생각한다. 그러나 범죄는 사회적 차원뿐만 아니라 개인적 · 대인관계적personal and interpersonal 차원도 가지고 있다고 말하는 것이 보다 정확한 표현이다. 법제도는 공적 차원, 즉 국가에 의하여 대표되는 사회 전체의 이익과 의무에 초점을 맞추고 있다. 그러나 이러한 공적 차원을 강조하면, 범죄의 개인

적 측면과 대인관계적인 측면을 경시하거나 무시하게 된다. 회복적 사법은 범죄의 개인 및 대인관계적 측면, 그리고 범죄의 공동체 차원 모두에 주목하여 평가를 함으로써 우리가 정의를 경험하는 일에 보다 나은 균형을 잡을 수 있게 해주려는 노력을 한다.

● 회복적 사법정의는 반드시 구금형에 대한 대안은 아니다

서양사회, 특히 미국은 구금형을 지나치게 남용하고 있다. 만일 우리가 회복적 사법을 진지하게 받아들인다면, 구금형에 대한 의존도는 감소하고 그 성격도 크게 변할 것이다. 그러나 회복적 사법의 접근방식은 구금형과 결합하여 또는 이와 병행하여 활용할 수 있다. 회복적 사법은 구금형의 대안이 될 수 있고, 그런 방식으로 구금형에 대한 지나친 의존을 줄일 수 있다. 그러나 일부 사례의 경우 일정한 방식의 구금형에 대한 요구를 반드시 없앨 필요는 없다.

● 회복적 사법정의가 반드시 응보에 반대하는 것은 아니다

초기의 저서들에서와는 달리 나는 회복이 더 이상 응보와 완전히 상반된다고 생각하지는 않는다. 그래도 처벌 자체를 위한 처벌에 대한 의존은 줄여야 한다. 이에 대하여는 나중에 보다 상세하게 설명한다. 109-110쪽 참조

회복적 사법정의는 필요needs와 역할을 중시한다

회복적 사법 운동은 원래 범죄로 인하여 발생하는 필요와 범죄 속에 내재되어 있는 이해당사자의 역할에 대하여 다시 생각해 보려는 노력에서부터 시작되었다. 회복적 사법정의의 지지자들은 통상적인 사법절차에서는 충족되지 못하는 필요에 대하여 관심을 가졌고, 사법에의 정당한 참가자와 이해당사자가 누구인지에 대한 통상적인 인식이 지나치게 제한적이라고 믿었다.

회복적 사법정의는 이해당사자, 다시 말하면 어떤 일이나 사건에 대하여 이해관계나 당사자성을 가지는 사람의 범위를 정부와 가해자 외에 피해자와 공동체 구성원으로까지 확대시켰다.

회복적 사법 운동은 필요와 역할에 대한 이러한 견해에 기원을 두고 있다. 필요와 역할에 관한 기본적인 사고의 틀이 회복적 사법 개념의 근간을 이루고 있으므로, 먼저 필요와 역할에 대하여 검토하는 것이 중요하다. 회복적 사법 분야가 발전함에 따라, 이해당사자에 대한 분석은 더욱 복잡하고 포괄적인 성격을 띠게 되었다.

아래의 논의는 회복적 사법 운동의 초기 단계에는 물론 그 후에도 지속적으로 중추적인 역할을 해온 몇몇 핵심

회복적 사법정의는 이해관계자의 범위를 확대한다

적인 관심사항에 한정된다. 또한, 아래의 논의는 사법절차를 통하여 적어도 부분적으로나마 충족될 수 있는 피해자, 가해자, 공동체 구성원의 필요, 즉 대표하는 "사법에 대한 필요"에 국한된다.

피해자 : 피해를 입은 사람들

회복적 사법의 특별한 관심사항 중 하나는 형사사법제도에 의하여 적절하게 충족되지 않는 범죄피해자들의 필요이다. 피해를 당해 온 사람들은 사법절차의 여러 상황에서 무시당하고, 방치되고, 심지어 매도당한다고 느낀다. 사실 많은 경우, 국가의 관심사는 피해자의 그것과 직접적인 갈등상태에 있다. 이와 같은 결과는 피해자를 포함시키지 않고 범죄에 대한 정의定義를 내리는 방식에서 비롯되는 측면도 부분적으로 있다. 범죄는 국가에 대적하는 것으로 정의되기 때문에 국가가 피해자의 지위를 차지하게 된다. 그러나 피해를 당해 온 사람들은 대부분 사법절차로부터 나오는 많은 고유한 필요사항을 가지고 있다.

범죄에 대한 법적 정의와 형사사법절차의 속성으로 인하여, 특히 아래의 네 가지 유형의 필요사항이 등한시되고 있다.

1. **정보** : 피해를 경험해 본 사람들은 가해행위가 무엇 때문에 어떻게 발생하였는지와 그 이후로 무슨 일이 일어났는지를 포함한 가해행위와 가해자에 관해 그들이 가지고 있는 물음에 대해 답을 듣고 싶어한다. 그들은 추측 정보나 재판 또는 유죄답변협상에 따른 제한된 정보가 아니라 **진정한** 정보를 필요로 한다. 진정한 정보를 확보하기 위해서는 통상 이러한 정보를 쥐고 있는 가해자와 직접 또는 간접적으로 접촉할 필요가 있다.

2. **진실을 이야기하는 것** : 범죄의 경험을 치유하고 극복하기 위

한 중요한 요소 중 하나는 어떤 일이 일어났는지에 대하여 이야기할 기회를 갖는 것이다. 이러한 기회를 가지는 것은 치료적인 차원에서 타당한 이유가 있다. 범죄로 인한 트라우마의 일부는 우리 자신과 우리가 사는 세상, 그리고 인생사를 바라보는 시각을 완전히 바꾸어놓기 때문이다.

이러한 피해의 경험을 극복한다는 것은, 때로는 공개적으로 이를 인정해 주는 의미 있는 장소에서 경험을 이야기함으로써 우리의 삶을 "복원하는restoring" 것을 의미한다. 또한, 피해를 당해 온 사람들이 피해의 원인을 제공한 가해자에게 자신의 경험담을 이야기하고, 가해자로 하여금 자신의 행동이 초래한 영향을 이해할 수 있게 하는 것도 중요하다.

3. **권한의 부여** : 피해를 당해 온 사람은 자신이 경험한 가해행위로 인하여 자신의 재산, 신체, 감정과 꿈에 대한 통제권을 박탈당하였다고 느끼는 경우가 많다. 사건의 피해자가 사법절차에 참여하는 것은 피해자로 하여금 자신의 사건에 참여하는 권한이 부여되었다는 생각을 되찾도록 해주는 하나의 중요한 방법이다. 자신이 필요한 것에 대하여 스스로 파악하도록 하는 기회를 제공하고 권장하는 것은 그러한 일들이 국가나 피해자 지원기관에 의해 정해지는 것보다 중요하다.

4. **배상인가 정당성의 입증인가** : 피해를 야기해 온 사람이 하는 배상은 피해를 당해 온 사람에게 중요한 의미를 가지는데, 때로는 실제로 발생한 손해 때문인 경우도 있지만, 손해 못지않

게 배상이 가지고 있는 잘못을
인정한다는 상징성 때문이기
도 하다. 피해를 야기한 사람

**피해자는
자신의 필요를
파악할 수 있어야 한다**

이 피해를 바로잡기 위한 노력을 한다면, 비록 단지 부분적이
기는 하지만, 그러한 노력의 한 방법은 가해자가 피해자에게
"내가 책임을 질 것이며, 당신은 아무 잘못도 없다"라고 말하
는 것이다.

배상은 사실상 정당성의 입증을 위하여 필요한 것이라는,
보다 근본적인 필요사항의 징후 또는 신호이다. 정당성의 입
증은 이 책의 범위를 넘어서는 것이지만, 이것이야말로 부당
한 대우를 받았을 때 우리 모두가 가지는 근본적인 요구라고
확신한다. 배상은 잘못을 되갚아 바르게 조정한다는 이러한
필요사항을 충족시키는 다양한 방법 중에 하나이다. 가해자
의 사과 또한 자신이 입은 피해를 인정받았다는 필요사항을
충족시키는데 기여할 수 있을 것이다.

회복적 사법정의의 이론과 실무는 이와 같은 피해자의 "사법에
대한 필요"를 수용하려는 노력에서 등장하였고, 그 이론과 실무의
모습도 그러한 노력에 의해 중요하게 정비되었다.[2]

---

2) 이러한 피해자들의 사법적 필요를 완전하게 다루는 방법은 Zehr, *Transcending :
Reflections of Crime Victims*, Part 2에서 살펴볼 수 있다.

가해자 : 피해를 야기한 사람들

회복적 사법정의가 중시하는 두 번째 주요 관심영역은 피해를 야기한 사람으로 하여금 책임을 지게 하는 것이다.

형사사법제도는 가해자의 책임을 묻는 데 관심이 있지만, 그것은 가해자가 당연히 받아야 할 벌을 반드시 받도록 하는 것에 불과하다. 그러한 절차에서 가해자로 하여금 자신의 행동이 초래한 결과를 깨닫게 하거나, 피해를 입은 사람들의 심정을 공감하도록 장려하는 경우는 거의 찾아보기 힘들다. 오히려 반대로, 당사자주의적인 소송게임은 가해자로 하여금 자신이 살 길만을 찾도록 한다. 피해를 야기한 사람으로 하여금 자신의 책임을 인식하지 못하도록 단념시키고, 구체적인 방법으로 책임을 지는 행동을 할 기회를 거의 주지 않는다. 실제로, 장기 구금형의 위험은 진실을 말하는 것을 방해하는 요인으로 작동한다.

가해자가 자신이 상처를 입힌 사람들로부터 거리를 두기 위하여 주로 이용하는 일반화와 합리화라는 중화기술neutralizing strategies은 전혀 비판받거나 문제시되지 않았다. 그 결과, 불행하게도 가해자가 느끼는 사회로부터의 소외감은 법적 절차와 교도소 수감이라는 경험을 통하여 더욱 증폭된다. 실제로 가해자들은 제도와 사회에 의한 피해자처럼 느낀다. 법적 절차는 다양한 이유에서 가해자에게 책임을 지우고, 또한 피해를 입은 사람에 대해서도 공감하지 못하게 만드는 경향이 있다.

회복적 사법정의는 처벌의 한계와 부정적인 효과를 자각하게 해 주었다. 그뿐만 아니라, 처벌은 진정하게 책임을 지는 방식이 아니라고 주장해 왔다. 진정한 책임을 진다는 것은 자신이 한 행동과 대면하는 것이다. 이것은 피해를 야기한 사람으로 하여금 자신의 행동, 즉 자신이 가한 해악으로 인한 영향을 이해하고, 가능한 한 최대로 잘못을 바로잡기 위한 조치를 취하도록 장려하는 것을 의미한다. 이러한 책임을 지는 것이야 말로 피해를 입은 사람들과 사회, 그리고 해악을 야기한 사람에도 보다 유익한 것이라고 주장해왔다.

피해를 야기한 자들은 피해자와 공동체에 대한 책임 이외에 다른 필요도 가지고 있다. 만일 우리가 그들이 자신의 행동에 대한 책임을 인정하고responsibility, 행태를 바꾸고, 공동체에 기여하는 구성원이 되기를 바란다면, 그들의 필요 또한 다루어져야 한다는 것이 회복적 사법정의의 입장이다. 이 주제에 대한 논의는 이 책의 범위를 벗어나는 일이지만, 아래에서는 몇 가지 필요사항을 제안한다.

피해를 야기한 사람들이 사법에 대해 제공받고 싶어 하는 것

1. **책임**accountability
   - 발생한 피해들을 취급
   - 공감과 책임의 독려
   - 수치심의 전환[3]

---

[3] 수치심이론(Shame Theory)은 회복적 사법정의의 중요한 주제로 부각되었다. 존 브레이스웨이트(John Braithwaite)는 그의 선구적인 저서인 『범죄, 수치심, 그리고 재통합(Crime, Shame and Reintegation, Cambridge, U.K. 1989)』에서 낙인을 찍는

2. 아래의 내용을 포함한 인격적 변화를 경험하도록 격려

- 가해행위의 원인으로 작용한 가해자의 개인적 그리고 과거의 상처 치유[4]
- 중독 및 / 또는 다른 문제들을 치유할 수 있는 기회
- 개인적 능력들의 향상

3. 공동체로의 통합을 위한 격려와 지원

4. 일부 가해자에게는, 최소한의 일시적 통제

공동체

공동체 구성원들은 범죄로 인하여 발생한 필요뿐 아니라, 수행하여야 할 역할도 가지고 있다. 배리 스튜어트Barry Stuart 판사와 케이 프라니스Kay Pranis와 같은 회복적 사법정의의 지지자들은 국가가 공동체의 이름을 내세워 앞장서게 되면, 공동체 의식의 약화를 초래하게 된다고 주장한다.[5]

공동체도 범죄로부터 영향을 받으며, 많은 경우에 2차적 피해

수치심은 사람들을 범죄의 길로 내몬다고 주장한다. 반면에, 범죄를 비난하지만 범죄자는 비난하지 않으면서 수치심에서 벗어나거나 다른 감정으로 바꿀 수 있는 기회가 제공되면, "재통합"에 도움이 될 수 있다고 한다. 이 주제는 논란의 여지가 많지만, 이에 관한 최고의 연구결과에 의하면, 수치심이 피해자화와 공격 둘 다에 요인이 되는 것은 사실이지만, 수치심은 매우 조심스럽고 적절하게 다루어져야 한다는 점을 제안하고 있다. 대부분의 상황들에서는 수치심을 강제로 부과하기 보다는 이를 조절하거나 다른 감정으로 바꾸는 일에 초점이 맞추어질 것이 필요하다.

4) Carolyn Yoder, *The Little Book of Trauma Healing* 『트라우마의 이해와 치유』(대장간 역간)(Good Books, 2005) 참조.

5) Kay Pranis, *The Little Book of Circle Process* 『서클 프로세스』(대장간 역간) (Good Books, 2005), Kay Pranis, Barry Stuart, and Mark Wedge, Peacemaking Circles:From Crime to Community(living Justice, 2003). 참조.

자인 이해당사자로 고려되어야 한다. 공동체 구성원들은 수행하여야 할 중요한 역할이 있으며, 동시에 피해자나 가해자는 물론 공동체의 구성원인 그들 자신에 대한 책임이 있다.

공동체가 사건에 관여하게 되면, 공동체는 공동체 자체를 강화하면서 이러한 문제를 해결하기 위한 포럼을 주도할 수 있다. 이 역시 큰 주제인데, 아래와 같이 몇 가지 관심영역을 제안한다.

사법이 공동체에 대해 제공해야 할 필요가 있는 것
1. **피해자로서의 공동체가 가지는 관심사항에 대한 주의 환기**
2. **공동체의식 및 상호 책임부담의식을 형성하기 위한 기회**
3. **피해를 입은 사람과 피해를 끼친 사람을 포함한 구성원들의 복지를 위한 의무의 이행과 건강한 공동체 육성을 위한 조건의 조성을 위한 기회들과 격려**

누가 범죄에 대한 이해당사자이고, 이해당사자들의 필요와 역할이 무엇인지에 대하여는 더 많은 내용들을 설명할 수 있을 것이다. 그러나 위에서 개략적으로 살펴본 피해자, 가해자, 공동체 구성원의 필요와 역할에 대한 기본적인 관심사항은 회복적 사법정의의 이론과 실무 양자가 지속적으로 무엇에 초점을 맞추어야 하는지를 보여주고 있다.

회복적 사법정의는 대가 보다 필요에 초점을 맞춘다

요컨대, 종래의 법제도나 형사

사법제도는 가해자와 응보, 즉 가해자가 마땅히 받아야 할 **대가**를 반드시 받도록 하는 데에 초점을 맞추고 있다. 반면에, 회복적 사법정의는 피해를 입은 사람과 피해를 끼친 사람, 그리고 이러한 상황들이 일어나고 있는 공동체의 **필요**에 보다 더 초점을 맞추고 있다.

제2장 • 회복적 원칙들

회복적 사법정의는 잘못된 행동에 대한 오래된 상식과 이해에 근거하고 있다. 비록 다른 문화에서는 다르게 표현될지라도, 회복적 접근방식은 아마도 대부분의 전통사회에서 공통적으로 나타나는 방식일 것이다. 유럽적 배경을 가진 우리에게 있어 회복적 접근방식은 잘못된 행동에 대해 우리 선조들그리고 심지어 부모 세대까지 다수가 이해했던 방식이다.

- "범죄" 또는 잘못된 행동은 사람들에 대한, 그리고 사람 사이의 관계에 대한 침해이다.
- 침해는 의무를 만들어낸다.
- 가장 중요한 의무는 잘못을 바로잡는 것, 즉 잘못된 행동에 의해 야기된 피해를 복구하는 일이다.

잘못된 행동에 대한 이러한 이해는 사회에 대한 인식, 즉 사회 구성원들이 모두 서로 연결되어 있다는 것을 전제로 한다. 이것은 구약성서에서의 히브리어 샬롬shalom이라는 개념, 즉 인간과 인간, 인간과 창조주, 인간과 환경과의 관계가 "더할 나위 없이 좋다"는 의미에서의 삶의 비전 속에 내포되어 있다. 많은 문화에서 관계를 중심으로 한 이러한 사고방식을 표현하는 용어를 발견할 수 있다. 마오리족에서의 와카파파whakapapa, 나바호족에서의 호조hozho, 많은 아프리카 부족에서의 반투족의 말인 우분투ubuntu, 티벳 승려들이 사용하는 텐드럴tendrel이 그러한 용어들이다. 비록 이러한 용어들의 구체적인 뜻은 서로 다르지만, 거기에 함축되어 있는 의미는 거의 유사하다. 즉, 모든 것들은 관계의 망 속에서 서로 연결되어 있다는 것이다.

이러한 세계관에서는 범죄-그리고 일반적인 의미에서의 잘못된 행동-의 문제는 공동체가 입은 손상, 즉 관계망의 찢어

**한 사람의 피해는
모두의 피해이다**

짐을 대표한다. 범죄는 손상된 관계를 의미한다. 사실, 손상된 관계는 범죄의 **원인**cause이자 **결과**effect이다. 대부분 전통사회에는 누군가에 대한 해악은 모두에 대한 해악이라는 속담이 있다. 범죄와 같은 해악은 관계의 연결망 전체를 파괴시킨다. 더욱이 잘못된 행동은 종종 그 관계망의 균형이 깨어지고 있다는 일종의 징후이기도 하다.

상호관계성은 상호 간에 의무와 책임이 있음을 의미한다. 잘못된 행동에 대한 이러한 견해에 입각하면, 배상 또는 "잘못을 바로잡는 것"의 중요성이 강조되는 것은 놀랄 일도 아니다. 사실, 잘못된 행동에 대한 배상은 의무이다. 초기 단계에서는 가해자가 져야할 의무가 강조되겠지만, 상호연결성에 주목하게 되면 다른 사람

들―특히 보다 규모가 큰 공동체―에게도 의무가 있을 수 있다는 가능성을 열어놓는다.

더 근본적으로 말하자면, 잘못된 행동에 대한 이러한 관점은 피해를 입은 사람뿐 아니라 피해를 끼친 사람, 공동체를 포함하는 관련 당사자들의 치유에 대한 관심을 의미한다.

잘못된 행동에 대한 이러한 이해는 범죄에 대한 "법적" 또는 형사사법적 이해와 어떻게 비교되고 대조되는가? 아래의 표에서 보여지듯이 두 가지 접근방식의 차이는 정의를 찾아가는 과정에서 제기되는 세 가지 중요한 질문으로 압축된다.

〈두 가지 다른 관점〉

형사사법	회복적 사법
범죄는 법에 대한 위반이고 국가에 대한 침해이다.	범죄는 사람과 관계에 대한 침해이다.
침해는 유죄를 만든다.	침해는 의무를 만든다.
사법은 국가로 하여금 책임비난(유죄)의 결정과 고통(처벌)의 부과를 요구한다.	사법은 피해를 회복하고 "잘못을 바로잡기" 위하여 피해자, 가해자, 그리고 공동체 구성원들을 참여시킨다.
초점: 가해자가 마땅히 받아야 할 벌을 받음	초점: 피해자의 필요와 피해 회복에 대한 가해자의 책임

〈세 가지 다른 질문〉

형사사법	회복적 사법
어떤 법이 위반되었는가?	누가 피해를 당하였는가?
누가 위반하였는가?	피해 입은 사람의 필요는 무엇인가?
위반한 자들이 마땅히 받아야 할 벌은 무엇인가?	이러한 필요 충족은 누구의 의무인가?

기독교와 유대교 경전에서 종종 인용되는 구절에서 예언자 미가Micah는 이렇게 묻는다. "주 여호와께서 요구하는 것은 무엇이오니까?" 대답은 "정의를 행하라"라는 말로 시작된다. 그런데 정의는 무엇을 요구하는가? 우리가 알고 있는 것처럼, 서구 사회의 대답은 가해자로 하여금 받아야 할 벌을 반드시 받도록 하는 것에 초점을 맞추어 왔다. **회복적 사법정의는 그러나 다르게 대답한다. 무엇 보다 먼저 초점을 맞추고 있는 것은 필요 및 그와 관련된 의무들이다.**

위에서 개관한 잘못된 행동의 컨셉트에 직접 기초한 회복적 사법정의의 원칙들과 그 함의에 관한 더욱 자세한 내용은 '부록 1'에 설명되어 있다. 그러나 여기서는 필요, 역할, 의무가 왜 회복적 사법정의에서 그토록 중요한 핵심사항인지를 이해하기 위해서는 상호관계성이라는 개념에 대한 이해가 기본이 되어야 한다는 점을 지적해 둔다.

회복적 사법정의의 세 개의 기둥

피해와 **필요**, **의무**, 그리고 **참여**라는 세 가지 중요한 개념 또는 기둥에 대해서는 보다 면밀한 검토가 필요하다.

1. 회복적 사법정의는 피해에 초점을 맞춘다

회복적 사법정의는 범죄를 무엇보다 사람과 공동체에 가해진 피해로 이해한다. 규칙과 법률에 초점을 맞추고 국가를 피해자로 인식하는 종래의 법 제도는 종종 이러한 실재를 망각한다.

법 제도는 일차적으로 가해자로 하여금 마땅히 받아야 할 벌을 반드시 받도록 하는 데 관심을 가지기 때문에, 피해를 입은 사람들을 기껏해야 사법적 관심의 2차적 대상으로 취급한다. 반면에, 피해에 초점을 맞추는 것은 피해자의 필요와 역할에 당연한 관심을 두는 것을 의미한다.

따라서 회복적 사법정의의 경우, 사법은 피해자와 그들의 필요에 대해 관심을 가지는 일에서 출발한다. 회복적 사법정의는 구체적으로는 물론이고 상징적으로도 가능한 한 많이 피해를 회복하려는 노력을 한다. 피해자에 중점을 둔 접근방식에 따르면, 심지어 가해자가 특정되지 않았거나 검거되지 않았을 때에도 사법은 피해자의 필요에 관심을 가져야 한다. 무엇보다도 중요한 것은 다른 사람들이나 제도가 그렇게 하기 보다는 피해를 입은 사람들이 자신들의 필요를 결정할 기회를 제공받는 일이다.

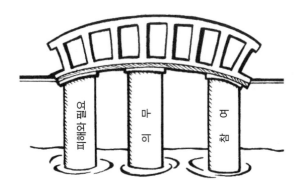

우리의 1차적인 관심은 피해자가 경험한 피해여야 하지만, 피해에 초점을 맞춘다는 것은 피해를 야기한 사람과 공동체가 경험한 피해에 대해서도 마찬가지로 관심을 가져야 할 필요가 있음을 함의한다. 이는 우리로 하여금 범죄의 근본원인에 대해서도 다룰 것을 요구하는 것일 수도 있다. 회복적 사법정의의 목적은 당사자 모두에게 치유의 경험을 제공하는 것이다. 이상적인 것은 회복적 사법정의가 피해가 발생한 이후 정의를 실현할 뿐 아니라 피해가 발생하기 전에 그 피해를 예방하는 일에도 관여하는 것이다.

2. 잘못 또는 피해로 인하여 의무가 생긴다.

이러한 이유 때문에, 회복적 사법정의는 가해자의 책임과 가해자가 책임을 지는 일을 강조한다.

법체계가 정의하고 있는 책임은 범죄를 범한 사람은 처벌을 받게 된다는 것을 분명히 하는 일이다. 그러나 범죄가 근본적으로 피해에 관한 것이라면, 책임을 지는 것은 가해자로 하여금 그 피해를 이해하도록 만들어야 하는 것을 의미한다. 그러기 위해서는 피해를 야기한 사람은 자신의 행동이 초래한 결과를 충분히 이해하는 것에서부터 시작하여야 한다. 그뿐만 아니라 책임이란 구체적인 측면과 상징적인 측면 모두에 대하여 가능한 한 많이 바로잡으면서 피해를 복구해야 할 책임을 지는 것을 의미한다. 즉, 피해를 야기한 사람들이 그들이 피해를 가한 사람들에 의해 잘못을 바로잡을 책임을 진다는 것이다. 이는 단지 해야 할 "옳은" 일이기만 한 것이 아니라 처벌보다 장래의 범죄를 억제할 가능성을 더 높이는 일이기도 하다.

앞으로 살펴보겠지만, 1차적인 의무는 직접적으로 피해에 책임이 있는 사람에게 있지만 공동체와 사회 또한 의무가 있다.

3. 회복적 사법정의는 참여 또는 참가를 적극 장려한다

참여의 원칙은 범죄로 인하여 영향을 받은 주요 당사자, 즉 피해를 입은 사람, 피해를 야기한 사람, 공동체 구성원들이 사법절차상 중요한 역할을 부여받는다는 것을 의미한다. 이와 같은 "이해당사자"는 서로에 대한 정보를 받고, 해당 사건에서 사법이 요구하는 것이 무엇인지를 결정하는 데 관여할 필요가 있다.

일부 사건에서는 이것은 피해자−가해자 대화모임victim offender conferences에서 이루어지는 것과 같이 당사자들 사이의 실제적인 대화를 의미할 수도 있다. 그들은 그들에게 일어난 이야기를 서로 나누고, 무엇이 필요한지에 대하여 합의에 도달할 것이다. 또 다른 사건들에서는 그것은 대리인을 활용하거나 다른 형태의 관여를 통한 간접적인 대화일 수도 있다.

참여 원칙은 전통적 사법절차보다 훨씬 확장된 범위의 당사자들이 관여하는 것을 함축한다.

이렇게 회복적 사법정의는 세 개의 간명한 기본요소 또는 기둥 위에 구축되어 있다. 즉, **피해 및 이에 관련된 필요**우선적으로 피해자의 필요이지만, 그뿐 아니라 공동체와 피해를 야기한 사람의 필요까지도 포함, 이러한 피해로부터 기인한그리고 생긴 **의무들**가해자의 의무이지만, 그뿐 아니라 공동체의 의무까지도 포함, 그리고 범죄와 그 해결과정에서 정당한 이해관계를 가진 사람들의 **참여**피해자, 가해자 뿐 아니라 공동체 구성원들의 참여도 포함가 바로 그것이다. 로스 롤돈Ross London은 "회복적 사법정의의 영혼은 범죄의 피해를 복구하기 위한 노력이다."[6]라고 주장한다.

회복적 사법정의의 골격을 요약하면 아래와 같다. 이는 그 자체로는 아직 충분하지는 않지만, 앞으로 보다 완전한 이해를 위한 기본 틀의 역할을 할 수 있을 것으로 보인다.

> 회복적 사법정의는 최소한 피해를 입은 사람의 피해와 필요를 다루고, 피해를 야기한 사람이 그 피해를 "바로잡기" 위하여 책임을 지고, 양 당사자뿐 아니라 관련된 공동체가 이 과정에 참여할 것을 필요로 한다.

---

6) 2013. 5. 2.자. http://emu.edu/now/restorative-justice/, Ross London, *Crime, Punishment, and Restorative Justice: From the Margins to the Mainstream*(Lynne Rienner Publishers, 2010) 참조.

"누가" 그리고 "어떻게"가 중요하다

누가 사법절차에 관여하는지, 그리고 어떻게 관여하는지는 회복적 사법정의의 중요 관심사항이다.

절차 – "어떻게"

우리의 법제도는 법관이 심판자의 역할을 하고 가해자와 국가를 대리하는 전문가들이 공격과 방어를 하는 대립 당사자주의 절차를 근간으로 한다. 절차의 결과는 본질적인 갈등과 무관한 외부의 법, 법관, 배심원 같은 권한을 가진 주체에 의하여 결정된다. 아무리 실질적인 측면을 감안하더라도 피해자, 공동체의 구성원, 심지어 가해자도 이 절차에 거의 참가하지 못한다.

회복적 사법도 통상적으로 외부 권위의 필요성을 인정하고, 일부 사건에서는 외부에서 부과된 결과를 인정하기도 한다. 그러나 **회복적 사법정의는 협력적이고 포괄적인 절차를 선호하고 외부에서의 부과된 결과 보다는 상호 합의에 기초한 결과를 선호한다.**

회복적 사법도 당사자주의적 접근방식을 위한 공간과 전문가들 및 국가의 역할이 중요하다는 점을 인정한다. 그러나 회복적 사법정의는 사건 또는 가해행위에 직접적인 이해관계를 가진 사람, 즉 가해행위와 관련이 있고, 그로 인하여 영향을 받았거나, 달리 정당한 이해관계를 가진 사람들의 참가가 중요함을 강조한다.

적절한 사전 검토와 준비절차, 그리고 안전장치를 갖추고서 진행되는 진행자에 의해 주선된 직접적 면 대 면 방식의 만남은 특정 이해당사자가 참가할 수 있는 이 상적인 포럼이라고 할 수 있다. 아래에서 간단히 살펴보겠지만, 이러한 포럼은 피해자-가해자 대화

회복적 사법정의는 모두가 참여하는 협력적인 절차와 합의에 의한 결과를 선호한다

모임, 가족간대화모임, 서클절차 등 다양한 형태를 취할 수 있다.

만남에서는 피해를 입은 사람과 해악을 끼친 사람이 서로 얼굴을 마주하고, 서로에게 직접 질문하며, 어떻게 잘못을 바로잡을지를 함께 협의하는 것이 허용된다. 이로써 피해를 입은 사람이 가해행위로 인하여 받은 영향을 피해를 끼친 사람에게 직접 말하거나 질문할 기회를 제공받는다. 이는 가해행위를 한 사람에게 자신의 행동이 초래한 영향을 경청하고 그로써 비로소 그 영향을 이해하기 시작한다. 이것은 책임을 인정하고 사과할 가능성을 제공한다. 피해를 끼친 사람뿐 아니라 가해를 당한 사람의 다수는 이러한 모임을 통하여 강력하고 긍정적인 경험을 하게 되었다고 말한다.

직접적이든 간접적이든 만남이 항상 가능한 것은 아니며, 일부 사건에서는 바람직하지 않을 수도 있다. 어떤 문화에서는 직접 대면하는 만남이 부적절할 수도 있다. 매우 효과적이면서 불쾌하지 않은 간접적인 만남에는 편지나 비디오 교환 또는 피해자 대리인의 활용 등이 있다. 어느 경우에나 이해당사자 사이의 정보교환이나 이해당사자들의 관여가 최대한 이루어지도록 노력하여야 한다.

이해당사자들 - "누가"

물론 핵심적인 이해당사자는 직접적으로 피해를 입은 사람과 가해를 한 사람이다. 공동체의 구성원들도 직접적으로 영향을 받을 수 있으므로 직접적인 이해당사자로 고려되어야 한다. 이들 이외에도 상황에 따라 이해관계를 갖는 다양한 다른 사람들이 존재한다. 여기에는 피해자의 가족구성원과 그 친구들 뿐만 아니라 가해자의 가족이나 친구들 또는 공동체의 다른 구성원 등과 같은 "부수적 피해자들"도 포함될 수 있다.

무엇이 공동체인가?

회복적 사법정의 분야에서는 공동체의 의미가 무엇인지, 이러한 과정에 공동체를 어떻게 실질적으로 관여시킬 수 있는지 여부가 지속적인 논쟁거리가 되고 있다. 이러한 쟁점은 미국 대부분의 주에서 그런 것처럼 전통적인 공동체가 사라지고 있는 문화에서 특히 문제가 된다. 나아가 "공동체"는 너무 추상적이어서 유용하게 사용하기 어려운 개념이다. 더구나 공동체라는 용어가 남발되는 문제도 있다. 이러한 쟁점들에 대한 논의는 이 책에서 다루는 범위를 넘어서지만, 몇 가지 의견을 제시해보는 것이 도움이 될 수도 있다.[7]

---

7) 관련 논쟁에 관한 개괄적인 설명은 Gerry Jonhstone, *Restorative Justice : Ideas, Values, Debates*(Willan, 2002), 136ff.에서 다루고 있다. 이 책은 회복적 사법정의 분야에서의 논쟁 및 비판적인 쟁점을 개관하고 분석함에 있어 유익한 내용을 담고 있다.

회복적 사법정의의 실무에서는 "관심을 가진 사안별 공동체" 또는 소규모 공동체micro-community에 초점을 맞추는 경향이 있다. 사람들이 가까이 살면서 상호 작용하는 장소적 의미의 공동체도 있지만, 장소적으로 한정되지 않은 인간관계의 네트워크 또한 존재한다. 회복적 사법정의에서 핵심적 질문은, 1) 공동체 내 어떤 사람들이 피해자와 가해자 또는 가해행위에 대하여 관심을 가지는가, 그리고 2) 이들을 어떻게 회복적 절차에 관여시킬 수 있는가 하는 것이다.

"공동체"와 "사회"를 구분해보는 것이 도움이 될 수 있을 것이다. 회복적 사법정의는 가해행위로 인하여 직접 영향을 받고 있으나 "국가 사법"에 의해 등한시되었던 장소 혹은 관계라는 소규모 공동체에 초점을 맞추는 경향이 있다. 그러나 특정한 사건의 직접적인 이해당사자를 넘어 사회society가 가져야 할 보다 큰 관심사와 의무도 존재한다. 여기에는 안전, 인권, 그리고 구성원들의 공공 복지에 관한 사회적 관심사가 포함된다. 많은 사람들이 이러한 사회적 관심사를 돌보는 것이 정부의 중요하고 정당한 역할이라고 주장한다.[8]

---

8) 국가의 역할 중 가장 논란이 되고 있는 것은 정부에 의하여 소수집단이 제도적으로 억압받고 있다고 느끼는 상황(예컨대, 북아일랜드), 또는 정부가 회복적 사법정의를 받아들이고 있는 것처럼 보이지만 사실은 하향식으로 시행하는 상황이다. 예컨대, 후자는 뉴질랜드나 캐나다의 공동체와 원주민 집단의 특별한 관심사가 되어 왔다.

회복적 사법정의는 잘못을 바로잡는 것을 목표로 삼는다

지금까지 우리는 이해당사자들의 필요와 역할에 대하여 검토하였다. 이제 사법의 목표에 대하여 좀 더 논의하여 볼 필요가 있다.

피해 다루기

회복적 사법정의의 핵심은 잘못을 시정한다는 생각, 또는 영국 영어에서 종종 사용되는 더 역동적인 문구를 사용한다면, "바로잡기"putting right이다. 이것은 피해를 야기한 사람이 피해를 입은 사람들에 대해 잘못을 바로잡을 기회이고 장려이다. 이미 언급하였듯이, 이것은 피해자그리고 영향을 받았을 수 있는 공동체가 입은 피해를 가능한 한 충분히 회복하기 위하여 적극적으로 조치해야 할 가해자 측의 책임을 의미한다. 예를 들어, 살인 사건에서는 그 피해가 회복될 수 없음이 명백하다. 그러나 책임이나 회복을 인정하는 것을 포함한 상징적 조치는 남겨진 가족과 사랑하는 사람, 또는 "공동피해자co-victims"에게 도움이 될 수 있는데, 이러한 일들은 가해자가 책임질 몫이다.

바로잡기는 배상reparation, 원상회복restoration 또는 회복recovery을 의미한다. 그러나 "re"재라는 접두사가 붙은 말들이 부적절할 때도 있다. 심각한 잘못이 저질러졌을 때, 피해를 회복하거나 이전의 상태로 되돌리는 것은 불가능하다.

가해한 사람이 실제로든 상징적으로든 잘못을 바로잡기 위하여 노력할 때, 피해를 입은 사람은 치유를 위한 도움을 받을 수 있

을 것이다. 그러나 많은 피해자에게 "치유"라는 말은 마지막 또는 종료라는 의미를 내포하기 때문에, 이

**회복적 사법정의는
"바로잡기"를 추구한다**

말은 상반된 감정을 동시에 가지고 있다. 치유를 향한 여정은 전적으로 피해자의 몫이며, 누구도 이를 대신해 줄 수 없다. 그러나 바로잡기 위한 노력은 비록 완전하게 원상회복될 수는 없지만, 치유를 위한 과정에 도움이 될 수 있다.

잘못을 바로잡아야 할 의무는 일차적으로 가해를 한 사람의 몫이다. 그러나 공동체는 피해를 입은 사람에 대해서뿐만 아니라 가해한 사람에 대해서도 마찬가지로 책임이 있을 수 있다. 가해자가 자신의 의무를 성공적으로 이행하기 위해서는, 그 자신도 더 큰 공동체로부터 지원과 격려를 받을 필요가 있다. 나아가 공동체는 범죄의 원인이 되거나 이를 조장하는 상황에 대하여 책임이 있다. 이상적으로 말하면, 회복적 사법정의 절차는 이러한 필요, 책임 그리고 기대되는 바를 찾아내고 이를 할당하기 위한 촉매 또는 토론의 장을 제공할 수 있다.

원인 다루기

잘못을 바로잡기 위해서는 피해뿐만 아니라 범죄의 원인도 다루어야 한다. 이것이 바로 피해를 입은 사람 대부분이 원하는 것이다. 그들은 자신과 다른 사람들에게 가해진 피해를 줄이기 위한 조치들이 진행되고 있는지를 알고 싶어 한다.

회복적 사법에 입각한 뉴질랜드의 가족간대화모임Family Group Conference에서는 배상과 예방이라는 요소가 모두 포함된 상호 합의된 지원방안을 마련하도록 하고 있다. 이 방안에는 반드시 피해를 입은 사람의 필요와 이러한 필요에 대한 가해한 사람의 의무가 명시되어야 한다. 그리고 이 방안에는 가해자가 자신의 행동 변화에 필요한 것이 무엇인지도 포함되어야 한다.

가해한 사람은 자신의 행동의 원인을 해결할 의무가 있지만, 대개 이를 혼자서는 감당할 수 없다. 게다가 가해자의 직접적인 책임을 넘어서는 더 큰 의무가 있을 수 있다. 범죄를 유발하고 불안전한 환경을 만드는 사회적 불의나 그 밖의 다른 조건들이 여기에 해당한다. 많은 경우, 가해자뿐만 아니라 가족이나 공동체, 사회 전체에게도 책임이 있다.

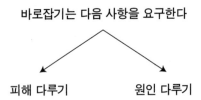

바로잡기는 다음 사항을 요구한다

피해 다루기   원인 다루기

피해자로서의 가해자

만약 우리가 피해와 원인을 진정하게 다루려면 피해를 야기한 사람이 몸소 체험한 피해들까지도 밝혀내야 한다.

연구 결과에 의하면, 사실 많은 가해자도 상당한 피해를 입었거나 트라우마를 가지고 있음을 알 수 있다. 심지어 직접적으로 피해를 입지는 않았지만 많은 가해자들은 스스로를 피해자라고 생각하기도 한다. 이러한 피해들, 그리고 피해를 입었다는 생각은 범죄의 주요 원인 중에 하나이다. 실제 하버드대학 교수이자 전직 교도소 정신과의사인 제임스 길리건James Gilligan은 모든 폭력은 정의를 성취하거나 불의를 해소하기 위한 노력의 일종이라고 주장한다.9) 다시 말하면, 대부분의 범죄는 가만히 있으면 피해자가 된다는 느낌에 대한 반응이나 이러한 느낌을 제거하려고 하는 노력의 일환일 수도 있는 것이다.

자신을 스스로 피해자로 생각하는 것이 가해행위에 대한 책임을 면해 주지는 않는다. 그러나 만약 길리간Gilligan의 주장이 옳다면, 피해자가 된다는 느낌sense of victimization을 중요하게 다루지 않고는 결코 가해행위의 중단을 기대할 수 없다. 실제로 처벌은 피해의식을 강화할 뿐이다. 가해자는 자신이 피해자라고 느끼는 감정을 인정받는 것만으로도 만족하기도 한다. 이 때문에 때로는 스스로 피해자라고 생각하는 것이 잘못이라는 점을 일깨워 줄 필요도 있다. 때로는 가해자가 자신의 행동을 변화시킬 것을 기대하기 전에 먼저 가해자의 피해를 회복시켜 주어야 한다.

이것은 논쟁적인 주제이고, 특히 자신의 인생에서 타인에게 해를 끼치지 않고 살아왔음에도 피해자가 된 많은 사람들에게는 받아들이기 어려운 주제이다. 이와 같이 피해자 됨의 이유에 관한 주장들은 거의 대부분 변명처럼 들린다. 나아가 왜 피해자였던 사람 중

---

9) James Gillian, *Violence : Reflections on a National Epidemic*(Random House, 1996).

**회복적 사법정의는
모두의 관심사를
균형있게 다룬다**
에 어떤 사람은 범죄를 저지르고 다른 사람은 그렇지 않은가? 그럼에도 불구하고 나는 가해행위의 원인을 줄여나가기 위해서는 가해자가 느끼는 피해자로서의 경험을 살펴볼 필요가 있다고 확신한다.

이를 살펴보는 과정에서 피해자화라고 하는 다소 감각적인 용어를 사용하는 대신에, "트라우마"에 대하여 말하는 것이 더 유용할 수 있다. 정신과 의사인 산드라 블룸Sandra Bloom은 그녀의 저서 『성역 만들기』Creating Sanctuary에서, 해결되지 않은 트라우마는 재연되기 쉽다고 지적한다. 트라우마가 적절히 해결되지 않으면, 트라우마는 이를 경험한 사람의 삶 속에, 그들의 가족에게, 심지어 미래의 세대에게도 재연된다는 것이다.10)

트라우마는 피해를 입은 사람들에게 뿐만 아니라 많은 가해한 사람들에게도 핵심적인 경험이다. 대부분의 폭력은 실제 그 이전에 경험하였지만 적절하게 대응하지 못하였던 트라우마의 재연일 수 있다. 사회는 구금형이라는 형태로 더 많은 트라우마를 양산하는 방식으로 대응하려고 한다. 트라우마를 경험하였다는 사실이 변명으로 이용돼서도 안 되지만, 그 사실을 이해하여야 하고 또한 그 문제들이 해결되어져야 한다.

요약하면, 잘못을 바로잡기 위한 노력은 회복적 사법정의의 중

---

10) Sandra Bloom, *Creating Sanctuary : Toward the Evolution of Sane Societies* (Routledge, 1997). 그 외 Carolyn Yoder, *The Little Book of Trauma Healing* 『트라우마의 이해와 치유』(대장간 역간) 참조. (Good Books, 2005).

심축이자 핵심이다. 바로잡기는 다음과 같은 두 가지 차원을 가지고 있다: 1) 발생한 피해를 다루기, 2) 책임져야 할 피해를 포함하여 피해의 원인을 다루기.

정의는 잘못을 바로잡는 것을 추구하여야 한다. 피해자는 피해를 입었기 때문에, 회복적 사법정의는 반드시 피해를 입은 사람들과 그들의 필요로부터 출발하여야 한다.

그러나 회복적 사법정의는 궁극적으로 피해를 입은 사람과 가해한 사람 모두의 원상회복과 재통합뿐만 아니라 전체 공동체의 웰빙well-being에 대하여도 관심을 기울인다. 회복적 사법정의는 모든 당사자의 관심에 대해 균형을 맞추는 일이다.

> 회복적 사법정의는 모두를 위하여 책임, 배상, 그리고 치유가 잘 이루어지도록 촉진한다.

회복적 렌즈

회복적 사법정의는 범죄와 사법에 대하여 생각할 수 있는 대안적인 틀 또는 렌즈를 제공하려고 한다.

원칙들

회복적 렌즈 또는 철학은 다음의 다섯 개의 핵심 원칙들 또는 강령들로 구성된다.

1. 피해를 입은 사람의 피해와 그에 따른 필요에 대해서 뿐

아니라 공동체의 피해와 필요, 그리고 피해를 야기한 사람의 피해와 필요에도 초점을 맞춘다.

2. 피해로부터 발생한 의무예컨대, 공동체와 사회의 의무뿐 아니라 가해자의 의무를 다룬다.

3. 포괄적이고 협력적인 절차를 활용한다.

4. 피해를 입은 사람, 가해한 사람, 공동체 구성원과 사회를 포함하여 그 상황에 대하여 정당한 이해관계를 가진 사람들을 참여시킨다.

5. 피해를 복구하고 가능한 한 잘못을 바로잡기 위하여 노력한다.

회복적 사법정의를 바퀴의 형태로 도해화하여 설명할 수 있다. 바퀴의 중심축을 이루는 것은 잘못과 피해를 바로잡으려는 노력이

라는 회복적 사법정의의 주안점이다. 각각의 바퀴살은 앞에서 설명한 네 개의 핵심 요소들에 해당하는 피해와 필요에 초점을 맞추기, 의무를 다루기, 이해당사자^{피해자, 가해자 그리고 공동체}의 참여, 그리고 가능한 한 협력적이고 포괄적인 절차의 활용을 나타내고 있다. 물론, 이 모든 것은 참여자 모두를 존중하는 가운데 행해져야 한다.

좀 더 유기적인 이미지를 활용하면, 회복적 사법정의를 꽃으로 형상화할 수 있다. 중앙에는 주안점에 해당하는 잘못을 바로잡기가 위치한다. 각각의 꽃잎은 잘못을 바로잡는 일을 성공적으로 수행하기 위하여 요구되는 원칙들을 나타낸다.

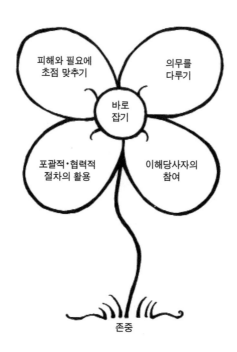

가치들

회복적 사법정의의 원칙들은 몇 가지 근본적인 가치에 기초하고 있어야만 유용성을 가질 수 있다. 이러한 가치는 종종 언급조차 되지도 않을 뿐 아니라 당연한 것으로 받아들여지는 경우도 많다. 그러나 회복적 사법정의의 원칙들을 그 진정한 정신과 의도에 맞게 적용하기 위해서는 이러한 가치들이 무엇인지에 관해 명확히 해둘 필요가 있다. 그렇게 하지 않으면, 예컨대 회복적 사법정의에 바탕을 둔 절차를 진행하더라도 비회복적non-restorative인 결과에 도달할 수 있다.

회복적 사법정의의 원칙들, 즉 중심축과 바퀴살이 적절하게 작동하기 위해서는 그 원칙들이 이러한 가치들에 의하여 둘러싸여 있어야 한다. 회복적 사법정의의 꽃이 활짝 피어나기 위해서는 회복적 사법정의를 구성하는 원칙들이 이러한 가치에 뿌리를 내리고 있어야 한다.

앞에서 이미 언급한 바와 같이 회복적 사법정의의 근저에는 상호연결성이라고 하는 비전이 있다. 모두는 관계망을 통하여 서로서로 그리고 더 넓은 세상과 연결되어 있다. 이러한 관계망이 손상되었을 때, 모두는 영향을 받는다. 회복적 사법정의의 기본 요소, 즉, 피해와 필요, 의무, 그리고 참여는 이러한 비전에서 파생한다.

그러나 자렘 스와츠키Jarem Sawatsky가 지적하고 있듯이, 이러한 상호연결성이라는 가치는 개별적인 존재의 특수성에 대한 공감과 균형을 맞추어야만 한다.11) 비록 우리는 연결되어 있지만, 서로 똑같지는 않다. 특수성은 다양성을 이해하며 공감한다. 특수성은 물론, 개성과 개인의 가치를 존중한다. 특수성이라는 가치는 구체적 맥락과 상황들을 중요하게 여긴다.

정의는 우리의 상호연결성과 개별적 특수성 모두를 인정하여야 한다. 특수성의 가치는 배경, 문화, 그리고 개성이 모두 중요함을 상기시킨다.

회복적 사법정의의 근저에 있는 가치들에 대해서는 더 많이 논의할 수 있고, 또한 논의하여야 한다. 실제로, 회복적 사법정의가 가장 크게 공헌한 것 중 하나는 아마도 우리로 하여금 우리의 가치들을 서로 탐색하도록 장려하는 방법이라고 할 것이다.

그러나 궁극적으로 하나의 기본 가치가 특히 중요하다. 존중이라는 가치가 그것이다. 만약 회복적 사법

회복적 사법정의는 "존중"이다

정의를 한마디로 요약해야 한다면, 나는 기꺼이 존중을 고를 것이다. 여기서 말하는 존중이란 모두를 위한 존중을 말하며, 다른 사람들, 심지어 적으로 보이는 사람들에 대한 존중도 포함한다. 존중은 우리가 서로 연결되어 있다는 것뿐 아니라 서로 다르다는 것도 상기시켜 준다. 존중은 모든 당사자의 관심을 균형 있게 배려하는 것을 요구한다. 존중은 우리로 하여금 부정의unjustice한 힘의 위계

---

11) Jarem Sawatsky, *Justpeace Ethics : A Guide to Restorative Justice and Peacebuilding* (Cascade Books, 2009).

들을 인식하고 그에 대처하는 일에 도움을 줄 수 있다.

만약 우리가 모두를 공평하게 대우하면서 존중으로서의 정의를 추구한다면, 정의를 회복적으로 실천하는 것이 될 것이다.

만약 타인을 존중하지 않는다면, 아무리 열심히 회복적 사법정의의 원칙들을 적용한다 하더라도 우리는 회복적으로 정의를 실천하는 것이 아니다.

존중이라는 가치는 회복적 사법정의 원칙들을 강조하고, 회복적 사법정의 실천프로그램들의 방향을 제시하며, 그러한 프로그램들의 구체적인 모습을 만든다.

회복적 사법정의에 대한 정의定義

그렇다면 이제 회복적 사법정의를 어떻게 정의해야 하는가? 회복적 사법정의의 기본 개요에 대해서는 대체로 합의가 되어 있지만, 구체적인 의미에 대해서는 회복적 사법정의 분야의 사람들 사이에도 의견의 합치가 이루어지지 않고 있다. 일부는 이처럼 정의를 내리는 것이 유용하고 현명한 것인지에 대하여 의문을 가지고 있다. 원칙과 기준의 필요성은 인정하지만, 고착된 의미를 확립하는 일이 교만해 보이고 그것이 최종적 정의가 되어 버릴 것에 대해 우려를 표명하기도 한다. 이러한 걱정을 염두에 두면서도, 나는 회복적 사법정의 정의定義를 다음과 같이 제안하고자 한다.[12]

---

12) 이는 "회복적 사법정의는 특정한 가해행위의 모든 이해당사자들이 모여서 가해행위의 결과와 앞으로의 영향을 어떻게 다룰지를 종합적으로 해결하는 과정이다."라는 토니 마샬(Tony Marshall)의 정의를 받아들인 것이다.

> 회복적 사법정의는 정의를 실현하기 위해 가능한 한 잘못을 바로잡
> 고 치유하기 위하여, 특정한 가해행위와 피해에 이해관계가 있는 사
> 람들을 최대한 관여시켜, 피해와 필요, 그리고 의무를 함께 확인하
> 고 다루는 접근방식이다.

회복적 사법정의의 목표

수잔 샤프Susan Sharpe는 『회복적 사법: 치유와 변화를 위한 비전』
이라는 훌륭한 책에서 회복적 사법정의의 목표와 과제를 다음과
같이 요약하였다.[13]

회복적 사법정의 프로그램의 목표

- 핵심적인 결정권을 범죄로 인하여 가장 많은 영향을 받은
  사람들에게 부여함
- 사법을 보다 더 치유적으로, 이상적으로는, 가해자, 피해
  자 그리고 공동체의 변화에 보다 중점을 두는 방식으로서
  만듦
- 장래의 가해행위 가능성의 감소

---

13) Susan Sharpe, Restorative Justice: A Vision for Healing and Change(Edmonton, Al-
   berta : Mediation and Restorative Justice Centre, 1998).

이러한 목표 달성을 위해 필요한 것들

- 피해자는 이러한 과정에 참여하고, 그 결과에 만족할 것
- 가해자는 자신의 행위가 다른 사람들에게 어떠한 영향을 미쳤는지 이해하고, 그 행동의 책임을 질 것
- 결과가 발생한 피해를 원상회복하고 가해행위의 원인을 다루는 데 도움이 될 것구체적인 행동계획은 피해자와 가해자의 필요에 맞춰져야 한다
- 피해자와 가해자는 둘 다 사안이 "종결"14) 되었음을 감지하고, 모두 공동체에 재통합될 것

회복적 사법정의를 이끄는 질문들

결국, 회복적 사법정의는 어떤 잘못된 일이 발생하였을 때 물어보아야 하는 일련의 질문이라고 요약할 수 있다. 이러한 길잡이 질문들은 사실 회복적 사법정의의 본질에 해당한다.

회복적 사법정의의 길잡이 질문

1. 누가 피해를 당하였는가?
2. 그들의 필요는 무엇인가?
3. 이것은 누구의 의무인가?

---

14) "종결"이라는 말은 대체로, 피해자, 특히 중범죄의 피해자에게는 불쾌하게 들린다. 모든 게 끝나고 정리될 것으로 여겨지는데, 그런 일은 불가능하다. 그러나 이 말은 또한 앞으로 나아갈 수 있다는 것을 암시하며, 이것이야말로 회복적 사법정의의 목표이다.

4. 누가 이 상황에서 이해당사자인가?

5. 원인은 무엇인가?

6. 잘못을 바로잡고, 근본원인을 다루기 위한 노력을 하면서 이해당사자들을 참여시킬 수 있는 적절한 절차는 무엇인가?

만약 회복적 사법정의를 특정 프로그램이나 일련의 프로그램들을 지칭하는 용어로 파악한다면, 이러한 프로그램들을 광범위하고 다양한 상황들에 대해 적용하는 것이 매우 어렵다는 사실을 곧바로 알게 될 것이다. 예컨대, "통상적인" 범죄에 대하여 활용되는 피해자−가해자 대화모임은 대규모 또는 사회적 폭력사건에는 직접 적용하기가 매우 어려울 것이다. 세심한 안전장치 없이 회복적 사법정의의 실행 모델을 가정폭력과 같은 정형화된 폭력과 힘의 불균형이 있는 상황에 적용하는 것도 매우 위험할 수 있다.

그 대신에 회복적 사법정의의 구체적 모습을 만드는 길잡이 질문을 이용한다면, 회복적 사법정의가 다양한 범주의 상황들에 대해 적용될 수 있음을 알게 된다. 회복적 사법정의의 길잡이 질문들은 쟁점의 프레임을 다시 만들고, 종래의 사법제도가 사회를 위해 만들었던 한계를 뛰어넘어 사고하며, 잘못된 행위에 대한 "우리의 렌즈를 바꾸는 일"에 도움을 줄 수 있을 것이다.

이러한 길잡이 질문들은 피고인을 대리하는 미국의 변호인들로 하여금 사형선고 사건에서 그들의 역할과 의무에 대하여 다시 생각하도록 만들고 있다. "피고인 변호과정에서의 피해자 지원활동Defense-Based Victim Outreach: DIVO/DVO 15)"은 유족들이 검사뿐 아니라 변호인에게도 접근하도록 해줌으로써 유족의 필요와 관심사를 재판과 판결에 반영시키기 위한 노력의 일환으로 등장하였다. 이러한 시도를 통하여 피고인으로 하여금 당해 사건에 대하여 적절한 책임을 지게 하도록 노력하기도 한다. 많은 유죄답변협상은 피해자의 필요를 반영하고 가해자로 하여금 책임을 수용하는 방식으로 이루어지고 있다.

많은 피해자 지원자Victim Advocate들은 가정폭력과 같은 사안에서 피해자-가해자 만남의 위험성에 대하여 매우 우려하고 있다. 이러한 우려는 타당하다. 일정한 패턴의 폭력이 계속되는 경우나 사건들이 가정폭력 상황에서 제대로 훈련받은 사람들에 의해 주의깊게 모니터링되지 않는 사건들의 경우에는 만남에 심각한 위험이 따른다. 어떤 사람들은 이러한 만남이 결코 적절하지 않다고 주장한다. 다른 사람들은 가정폭력 피해자들도 적절한 안전장치를 갖추고 올바른 상황에서 만남이 이루어진다면, 만남은 중요하고 강력한 효과를 발휘한다고 주장한다. 최근에 회복적 접근 방법을 활용하는 성공적인 프로그램들이 몇몇 공동체에서 개발되고 있다.

만남이 가정폭력과 같은 상황에서 적절하든 그렇지 않든 간에,

---

15) 역주: 특히 살인사건에서 피해자의 생존과 유족들과 피고인 변호인을 연결시킴으로써 재판절차 전반에 걸쳐 유족들의 중요한 필요사항들을 다루는 연방차원 또는 주 단위의 프로그램을 말한다. 피고인 변호인의 요구에 응하면서도 그와 독립적으로 활동하면서 유족들의 관심사와 필요를 확인하기 위해 유족들과 협업하는 훈련받은 피해자 지원 전문가(VOS)를 활용한다.

회복적 사법정의의 길잡이 질문들
은 "가해자는 어떤 벌을 받아 마땅
한가"라는 물음에 구애받거나 제한

**회복적 사법정의는
우리의 질문을 바꾼다**

받지 않고, 어떤 필요들이 충족되어야 하는지를 정리하는 데 도움
을 준다. 새로운 상황이나 적용사례를 마주할 때, 나는 주로 이러
한 질문들을 길잡이로 삼는다.

회복적 사법정의의 길잡이 질문들은 사실상 회복적 사법정의
의 요체라고도 할 수 있을 것이다.

회복적 사법정의의 이정표

우리가 회복적 사법정의를 실천적으로 적용하는 일을 생각하
기 시작할 경우, 또 다른 길잡이 역할을 하는 것은 다음의 열 가지
원칙들 또는 이정표들이라고 할 수 있다. 이러한 원칙들은 프로그
램을 만들고 평가하는 데 유용하게 사용될 수 있다. 길잡이 질문들
과 마찬가지로, 아래의 원칙들은 특정한 사건이나 상황에 대한 대
응책을 마련하는 데 도움이 될 수 있다.

회복적 사법정의의 이정표16)

1. 위반된 규범보다는 범죄의 피해에 초점을 맞출 것

2. 피해를 입은 사람과 가해한 사람 모두를 사법적 절차에 참여시

---

16) 아래의 이정표 내용들은 원래 1997년 Mennonite Central Committee, Akron, Pennsylvania에 의해 책갈피(bookmark) 형식으로 공간되었던 것인데, 이 책에서는 이를 일부 수정하였다.

키면서 모두에게 동등한 관심과 헌신적 태도를 보일 것

3. 피해입은 사람들에게 권한을 부여하고 그들이 바라는 필요에 응답하면서 그들의 원상회복을 위한 작업을 할 것

4. 가해한 사람들이 자신의 의무를 이해하고 수용하며, 이를 이행할 수 있도록 장려함으로써 그들을 지원할 것

5. 가해자에게 의무가 힘든 것일 수 있지만, 이러한 의무가 가해자에게 고통을 주기 위한 의도로 부과되어서는 안 되며, 이행가능한 것이어야 함을 인정할 것

6. 양 당사자의 희망에 따라 피해입은 사람과 가해한 사람 사이에 직접적이든 간접적이든 적절한 대화의 기회를 제공할 것

7. 공동체를 참여시키고, 공동체에 기반하여 범죄에 대응할 수 있는 의미 있는 방법을 모색할 것

8. 강제와 격리에 의존하기 보다는 피해입은 사람과 가해한 사람 간의 협력과 재통합을 장려할 것

9. 행동들과 프로그램들이 초래할 수 있는 의도치 않은 부정적 결과에 대하여 주목할 것

10. 피해입은 사람과 가해한 사람, 그들의 친구와 사랑하는 사람, 사법관계자 등 모든 참가자에 대하여 존중을 보일 것

제3장 • 회복적 실무

    회복적 사법정의의 컨셉트와 철학은 1970년대와 80년대에 미국과 캐나다에서 당시 피해자–가해자 화해프로그램Victim Offender Reconciliation Program: VORP으로 불리워졌던 한 실무 프로그램과 연계되어 부상하였다. 그 이후 VORP가 변형되면서 그 명칭도 달라졌고, 새로운 형태의 실무 프로그램들이 등장하였으며, 그 이전의 프로그램들은 "회복적"으로 개조되고 개칭되어 왔다. 서구의 형사사법 분야에서 현재 활용되는 주된 접근방식이나 실무 프로그램은 무엇인가? 한가지 명심할 것은 여기에서 설명하는 형사사법 분야에서의 응용 프로그램들이 그러한 접근방식이나 실무 프로그램들의 전부는 아니라는 사실이다.

    그동안 학교가 회복적 실무 프로그램의 중요한 무대가 되었다. 비록 형사사건에서의 회복적 사법정의 프로그램과 많은 유사성을 가지고 있기는 하지만, 학교에서 적용되는 접근방식은 반드시 학교 환경에 적합한 내용으로 만들어져야 한다. 이와 관련해서는 두 권의 시리즈 책자가 있으며, 이 책자 말미의 더 읽어볼 책 목록들을 참고

    회복적 접근방식은 직장이나 더 큰 규모의 공동체에서의 이슈나 절차에도 적용되고 있다. 다시 한 번 지적하면, 이 분야에서 적

용되는 회복적 실무는 아래에서 서술할 모델들과 유사성이 있기는 하지만, 중요한 차이점 또한 존재한다. 회복적 사법정의는 예를 들어 대규모의 사회적 갈등과 잘못된 행동이 있을 경우, 어떻게 "전환적 사법정의transitional justice"에 접근할 것인지에 관한 논의의 한 부분이 되기도 하였다. 그러나 아래에서는 형사사법적 맥락에서의 접근방식에 초점이 맞추어진다.

전통 문화를 유지하고 있는 사회, 예컨대 아프리카나 북미 원주민 공동체 출신자들에게는 회복적 사법정의는 오래된 관습적인 접근방식들을 재평가하고, 부활시키며, 합법화하는 촉매제 역할을 하고 있다. 식민지배 동안 서구의 법 모델은 비록 그 형식들이 완벽하지는 않았지만, 그들 사회를 위해서는 나름의 높은 기능을 수행하고 있었음에도 불구하고, 원주민 전통사회에서의 사법 형식들을 매도하고 억압하였다.

회복적 사법정의는 그러한 전통들의 장점들이 무엇인지를 확인하여 이를 합법화할 수 있고, 때로는 현대의 사법제도 내에서 작동될 수 있는 적응된 모델들을 개발해 낼 수 있는 개념적 틀을 제공할 수 있다. 사실, 회복적 사법정의의 실천 프로그램 가운데 가장 중요한 형태인 가족간대화모임family group conferences과 평화형성서클peacemaking circles은 이러한 전통적 방법을 적용한 결과물이다. 그러나 전통적 방식들을 그대로 복제한 것은 아니다

회복적 사법정의는 또한 갈등전환과 평화구축에 관한 이론과 실천에 있어 정의에 대하여 생각해 볼 수 있는 구체적인 방법을 제

공한다. 대부분 갈등은 정의롭지 **회복적 사법정의는** 못하다는 감정 때문에 생기거나, 적 **갈등을 전환하고** 어도 이러한 감정과 관련되어 있다. **평화를 구축하는** 갈등 해결이나 갈등 전환 분야에서 **일을 돕는다**

도 이 점을 어느 정도 인정하고는 있지만, 이 분야에서의 정의의 개념이나 실천은 상당 부분 불명확하다. 회복적 사법정의의 원칙들과 실무 프로그램들은 갈등의 내부에서 정의에 관한 이슈들을 다루기 위한 구체적인 틀을 제공할 수 있다.부록 V 참조

예컨대, 섬머 피스빌딩 연구소Summer Peacebuilding Institute에서 회복적 사법정의 과정을 이수한 몇몇 아프리카 출신의 활동가들이 가나로 돌아가 그곳에서 오랫동안 지속되어 온 갈등문제를 해결하기 위하여 활동하였다. 이들은 회복적 사법정의의 틀을 이용하여 공동체의 전통적 사법절차에 활용하면서 최초로 갈등을 둘러싼 정의에 관한 쟁점들을 다룰 수 있었다. 그 결과, 그동안 실패했던 평화를 구축하는 노력이 진전을 보이기 시작하였다.

비슷하게 우리 프로그램을 이수한 몇몇 파키스탄 활동가들이 파키스탄으로 돌아가서 의사 결정 및 갈등 해결에 있어서 회복적 사법 모델이 그들의 전통적인 지르가*jirga* 절차17)를 이해시키고 업데이트 하는 데에 도움이 되는 것을 발견하였다.

회복적 사법정의가 실천되는 영역이 너무나 다양해지고 있기

---

17) 역주: 대립당사자들이 동의에 따라 마을 원로들 앞에서 자신들의 사건을 변호하는 갈등(분쟁) 해결 절차를 말한다.

때문에 간단하게 분류할 수는 없다. 더구나 이 책에서 설명하고 있는 다양한 모델들은 서로 조합되는 경우가 종종 있어서 이들을 명확하게 분류하는 것은 어렵다. 그러나 아래에서는 서구의 형사사법 분야에서 활용되고 있는 새로운 실무 프로그램에 대하여 간략하게 개관하고자 한다. 아주 자세하게 이 모델을 설명하는 몇 권의 정의와 평화 실천 시리즈가 있다. '더 읽어볼 책' 참조

핵심적 접근방식은 많은 경우 전문 진행자facilitator가 있는 대면형식을 취한다.

세 가지 다른 모델, 즉 피해자-가해자 대화모임, 가족간대화모임, 서클 절차가 회복적 사법정의의 실무 프로그램으로 가장 많이 활용되고 있다. 그러나 이 모델들은 서로 섞이고 있다. 가족간대화모임이 서클을 활용하기도 하고, 특정한 상황에서는 각 모델의 요소가 혼합된 새로운 형태의 프로그램이 개발되기도 한다. 때로는 하나의 사건 또는 상황에 대해 여러 모델이 활용되기도 한다. 예컨대, 양형서클 이전에 또는 그 준비 과정에서 피해자-가해자 만남이 이루어질 수도 있다.

그러나 이 모든 모델들은 공통된 중요한 요소들을 가지고 있다. 이러한 모델들은 어느 것이나 핵심 이해당사자 사이에 진행자가 참여하는 대면이나 대화 형식을 취한다. 이해당사자에는, 즉 적어도 피해 입은 사람과 가해한 사람, 그 밖

모델들은 종종 섞여서 조화되고 있다

에 다른 공동체 구성원이나 사법관계자들이 포함된다. 때때로 피해자와 가해자의 만남이 불가능하거나 부적절한 경우에는 그들의 대표자나 대리인을 활용할 수 있다. 때로는 직접적인 만남을 준비하는 과정에서 또는 직접적 만남을 대신하여 편지나 비디오가 활용되기도 한다. 그러나 이러한 모델에서는 어떤 형태로든 만남이 포함되어 있으며, 직접적 대면을 보다 선호한다.

이러한 대면은 전문진행자가 이끌어 가는데, 이들은 대면 과정을 관찰하고 절차를 안내하며, 참여한 모든 당사자에 대하여 균형 있게 관심이 집중될 수 있도록 한다. 중재자abitrator와는 달리, 회합과 서클에서의 전문진행자는 합의를 강요하지 않는다. 각 모델에서는 참여자들에게 사실관계와 감정, 해결책을 검증하는 기회가 주어진다. 참여자들은 자신의 이야기를 하고, 질문을 던지고, 감정을 표현하고, 서로 받아들일 수 있는 결과를 이끌어 낼 수 있도록 도움을 받는다.

오랫동안 활동한 회복적 사법 실천가인 론 크라센Ron Claassen은 잘못된 행동을 해결하기 위해서는 다음의 세 가지가 반드시 필요하다고 밝히고 있다.18)

1. 잘못 혹은 부정의가 인정되어야 한다.
2. 형평이 만들어지거나 회복되어야 한다.
3. 장래에 원하는 바가 다루어져야 한다.

---

18) http://peace.fresno.edu/docs/APeacemakingModel.pdf. 참조.

대면은 피해를 입은 사람이 잘못된 행동을 분명하게 표현하고, 가해한 사람이 이를 인정하는 기회를 만들어 준다. 결과적으로 배상이나 사과를 하는 것은 깨어진 균형을 다시 맞추는 데, 즉 형평을 회복하는 데 도움이 된다.

통상적으로 다음과 같은 장래에 대한 질문이 논의될 필요가 있다. 가해한 사람이 이러한 행동을 또 다시 할 것인가? 어떻게 같은 공동체 안에서 더불어 살아갈 것인가? 어떻게 인생을 미래지향적으로 이끌 것인가? 모든 회복적 회합 모델에서는 전문 진행자가 함께하는 만남의 과정에서 이러한 질문들을 다루게 된다.

피해자의 참여는 전적으로 자발적이어야 한다

이러한 각 모델에서 피해를 입은 사람의 참여는 전적으로 자발적이어야 한다. 모든 모델의 경우 가해자가 적어도 어느 정도 자신의 책임을 인정하여야 한다. 가해자들은 회합이 열리기 전에 전적인 책임을 인정하지 않는 경우가 많지만, 가해자가 자신의 책임을 모두 부인하는 경우에는 통상 회합이 개최되지 않는다.

가해자의 자발적 참여를 최대화시키려는 노력이 이루어져야 한다. 가해자가 원하지 않거나 비협조적일 경우에는 확실히 회합이 열려서는 안 된다. 실제로, 대부분의 가해자는 자신에게 부담이 덜한 것을 선택하려는 압박감을 종종 느낀다. 인터뷰를 해 보면, 가해자들은 대개 자신들이 피해를 입혔던 사람을 마주 대하는 것이 어렵고 두렵다고 말한다. 사실, 우리도 대부분 할 수만 있다면 이러한 의무를 회피하려 할 것이다.

뉴질랜드의 가족간대화모임을 제외하고는 앞으로 설명할 모델들은 대부분 재량적이고, 회부의뢰referral에 기반하여 활용되고 있다. 가해 정도가 경미한 경우에는 공동체로부터 의뢰를 받기도 하고, 학교나 종교단체가 의뢰하기도 한다. 때때로 당사자들 스스로가 의뢰하는 경우도 있다.

그러나 대부분의 의뢰는 사건과 공동체에 따라 사법제도 내에서 정해진 다양한 의뢰처로부터 회부되는 방식으로 이루어진다. 경찰이나 검사, 보호관찰소, 법원, 심지어 교도소에 의해서도 사건이 회부될 수도 있다. 법원이 회부하는 경우 회합은 유죄확정 후 형을 선고하기 전에 이루어진다. 이러한 경우 판사가 회합의 결과를 형을 선고하는 데에 반영한다. 일부 사건이나 관할에서는 판사가 배상명령을 내리고 회복적 회합을 통하여 배상액을 정하도록 요구한다. 그 경우 회합에서 이루어진 합의 내용은 형선고 및또는 보호관찰명령에 포함된다.

많은 공동체에서 기소가 이루어지기 전에 그리고 사건이 기소되지 않도록 하는 방안으로 절차의 초기단계에서 회복적 만남을 장려하고 있다. 콘코드Concord, 매사추세츠Massachusetts에서는 회복적 사법정의를 지지하는 공동체들이 경찰과 공동체 사이의 협력관계를 표방하고, 다양한 사건에서 이를 가능하게 만들고 있다.

오클랜드Oakland, 캘리포니아California의 소년사법제도는 처음에는 인종차별문제를 해결하기 위하여 뉴질랜드New Zealand의 모델에 기반한 기소전 회합pre-charge conference을 도입하였다. 뉴질랜드 모델은 책임뿐만 아니라 가족과 공동체의 지원까지 제공함으로써 비교적 중한 범죄들을 공식절차에서 비공식절차로 전환하는diverting 방식이다. 이 프로그램은 검사와의 합의agreement에 따라 가해자에게 '역逆 미란다 진술reverse Miranda Standard'을 할 수 있다. 즉, 회합에서는 한 어떤 진술도 공식 절차에서 당신에게 불리하게 작용하지 않는다는 점을 고지한다.

플로리다Florida에서 발생한 유명한 살인 사건에서, 기소전 회합을 통하여 살해당한 젊은 여성들의 유가족들, 가해자의 가족, 검사, 그리고 변호인이 서로 만나서 위에서 언급한 이슈들을 논의하고 유죄협상plea agreement의 한 부분이 될 수 있는 형량에 대하여 공감대를 만들어 가는 것이 허용되었다.19)

그러나 미국에서는 중범죄 사건에 대한 피해자-가해자 대면을 위한 대부분의 프로그램들은 공식적 사법 시스템 바깥에서 진행되고, 당사자들, 특히 많은 경우 피해를 입었거나 그들의 사랑하는 사람들의 제안에 의해 절차가 시작되는 것으로 설계되어 있다. 미국의 절반 이상의 주에서는 참여를 원하는 피해자를 위한 규약protocols이나 프로그램들을 마련하고 있다.

---

19) http://www.nytimes.com/2013/01/06/magazine/can-forgiveness-play-a-role-in-criminal-justice.html 참조

"참여주체"와 "진행방식"에 따른 모델의 유형

회복적 사법 실천모델들은 기본 골격은 비슷하지만 참가자의 인원과 범위에 따라 서로 다르고, 일부 사건에서는 진행방식에 따라 서로 다르다.

피해자–가해자 대화모임

피해자–가해자 대화모임VOC에는 기본적으로 피해를 입은 사람과 피해에 대한 책임이 있는 사람이 참여한다. 회합에 회부되면, 피해자와 가해자는 먼저 각기 개별적으로 움직인다. 그후 절차를 속행하기로 동의하면, 피해자와 가해자는 모임이나 회합에서 함께 만나게 된다. 모임은 균형 있는 방식으로 절차를 안내하는 훈련된 진행자 1명 또는 여러 명에 의해 성사되고 진행된다.

중한 폭력사건에서는 성사될 가능성이 낮지만, 회합을 통하여 종종 서면에 의한 배상합의가 이루어지기도 한다. 피해자나 가해자의 가족구성원도 참가할 수 있지만, 이들은 대부분 2차적인 보조 역할을 하게 된다. 공동체를 대표하는 사람이 전문진행자 및또는 프로그램 감독자로 관여할 수도 있으나, 이들은 통상 모임에 참석하지는 않는다.

가족간대화모임

가족간대화모임FGC은 회합의 주요 참가자들을 확대하여 가족구성원이나 당사자와 직접 관련된 다른 개인들을 포함시킨다. 이 모델은 가해자가 책임을 지고 자신의 행동을 변화시키도록 지원하는 데 초점을 맞추는 경향성을 띠기 때문에 가해자의 가족 또는 공동체 관계자가 특히 중요하다. 그러나 피해를 입은 사람의 가족도 초대된다. 상황에 따라서는, 특히 사건의 법적 결과에 영향을 미칠 수 있는 권한이 가족간대화모임에 부여된 경우에는 경찰관 등 사법관계자가 동석하기도 한다.

가족간대화모임으로는 두 가지 기본 형태가 널리 알려져 있다. 하나의 모델은 북미에서 상당한 주목을 받았는데, 뉴질랜드에서의 아이디어를 부분적으로 차용하여 호주 경찰에서 처음 개발하였다. 대개 이러한 접근방식은 표준화되고 "대본화" 된 진행모델을 이용한다. 진행자는 특별히 훈련받은 경찰관과 같은 권위 있는 인물이 맡을 수도 있다. 이 경우는 논란의 여지가 있는데, 경찰과의 관계가 껄끄러운 공동체들에서는 더욱 그렇다.

이러한 전통이나 접근방식은 수치심의 역동성에 특별한 관심을 기울여, 수치심을 긍정적인 방향으로 적극 활용한다. 그러나 수치

성공적인 모임은 수치심을 높이기 보다는 수치심을 관리하는 것이다

심을 상황을 주도하는 방향으로 적극적으로 활용하는 일은 매우 논쟁적인 주제이다. 수치심은 너무 변덕스럽고 위험해서, 심지어 양 당사자가 이를 느끼고 있다고 하더라도 회합에서 이를 언급하도록 장려할 수 없다고 주장하는 사람들도 있다.

가족간대화모임의 더 오래된 모델은, 나에게 더 친숙한 모델로

서 뉴질랜드에서 처음 시작되어 현재 뉴질랜드 소년사법제도 내에 규범화되어 있다. 이 모델은 적어도 미국에서는 다른 형태들보다 덜 알려져 있기 때문에, 좀 더 상세하게 서술할 필요가 있다.

뉴질랜드는 소년에 대한 복지와 사법제도의 위기에 대응하고, 나아가 소년사법제도가 강요된 이질적인 식민지 제도라는 토착 마우리족 주민들의 비판에 따라, 1989년 소년사법제도를 전면적으로 개혁하였다. 현재 뉴질랜드에서는 법원에 의한 재판모델은 백업 모델의 역할을 할 뿐이고, 대부분의 소년 중범죄에 대해서는 가족간대화모임이 오늘날 기본default대응모델로 활용되고 있다.[20]

결과적으로, 뉴질랜드에서 가족간대화모임은 사법의 한 시스템으로 평가될 수 있는 동시에 회복적 만남의 방식으로도 평가될 수도 있다.

회합은 소년사법 코디네이터Youth Justice Coordinators라고 불리는 유급 사회복지 담당 직원에 의하여 준비되고 진행된다. 가족들이 참석자를 결정하도록 도와주고 그들에게 적합한 절차를 설계하는 것이 이들의 업무이다. 이 절차의 목표 중 하나는 문화적으로 조화를 이루도록 하는 것이고, 회합의 형태는 피해자 및 관련 가족들의 필요와 문화에 적합한 것이 되어야 한다

---

20) 뉴질랜드의 소년사법시스템은 그렇게 심각하지 않은 사건에서 공식적인 가족간 대화모임이나 법원절차를 피하면서 시스템의 외부에서 가해자를 전환조치(다이버전) 하기 위해 마련되었다(때로는 비공식적인 피해자-가해자 대화모임과 연계되기도 한다). 이는 가해소년이 성장과정에 있기 때문에 공식적인 형사사법 시스템에 편입되면, 장차 재범의 위험성이 높아진다는 가정을 전제로 설계되었다.

이것은 대본에 의한 진행모델이 아니다. 비록 회의의 전체 진행 과정이 정해져 있기는 하지만, 각 절차는 특정 당사자의 필요에 맞도록 조정된다. 대부분의 회합에서 공통적인 요소는 회합 중에 열리는 가족회의이다. 여기서 가해자와 가해자의 가족이 다른 방으로 가서 발생한 일에 대하여 상의하고, 피해를 입은 사람과 모임의 다른 참여자들에게 제시할 해결방안을 마련한다.

피해자–가해자 대화모임에서의 전문진행자와 마찬가지로, 가족간대화모임의 코디네이터는 공정하여야 하고, 양측의 관심사와 이해관계의 균형을 잘 맞추어야 한다. 그러나 코디네이터는 배상뿐 아니라 가해행위의 원인도 다루고 가해자가 적절하게 책임 질 수 있도록 하는 현실적인 계획이 수립되게 하는 역할도 해야 한다.

공동체가 명시적인 포함대상은 아니지만, 가족간대화모임은 피해자–가해자 대화모임보다 참가자의 범위가 더 넓다. 가해자의 가족구성원은 가족간대화모임에서 필수적이며 매우 중요한 역할을 수행하는데, 바로 이점 때문에 가족간대화모임을 가족에게 권한을 부여하는 모델로 만든다. 피해를 입은 사람도 가족구성원이나 피해자변호사를 대동할 수 있다. 특별변호인이나 소년변호인이 출석할 수 있고, 다른 위탁양육자 역시 참석할 수 있다. 여기에 더하여 뉴질랜드에서는 경찰이 검사의 역할을 하기 때문에 경찰관 역시 참여하여야 한다.

뉴질랜드식 가족간대화모임은 단순히 사실이나 감정을 표현하고 배상 합의를 이끌어내기 위하여 고안된 것이 아니다. 가족간대화모임은 통상 법정을 대신하기 때문에 원상회복뿐만 아니라 범죄예방적인 요소와 때로는 형벌을 포함하여 가해행위를 한 소년에 대한 포괄적인 행동계획을 개

뉴질랜드의 가족간대화모임은 배상과 예방을 모두 지향한다

발할 역할을 수행해야 한다. 심지어는 기소 여부에 대한 협상도 이 모임에서 논의될 수 있다. 흥미롭게도, 행동계획은 회합에 참가한 모든 사람들의 의견일치로 만들어져야 한다. 피해자, 가해자 또는 경찰 중 어느 한 쪽이라도 만족하지 못하면, 각기 그 회합의 결과를 거부할 수 있다.

가족간대화모임에서는 참가자의 범위가 가족구성원이나 다른 중요한 사람은 물론 사법 공무원까지 확대된다. 적어도 뉴질랜드 식의 회합 형태에는 가족회의가 포함될 수 있으며, 전문진행자는 피해자–가해자 대화모임에서의 진행자에 비해 더 확장된 역할을 할 수 있어서 피해를 야기한 사람으로 하여금 합당한 책임을 지도록 확인하기도 한다. 때로는 공동체대화모임 또는 책임이행대화모임이라고 불리는 가족간대화모임은 많은 나라에서 실험적으로 활용되고 채택되고 있다. 가족간대화모임은 미국 내에서는 실제로 아래에서 살펴 볼 서클처럼 운영되고 있지만, 기소전 전환조치 다이버전 프로그램을 위한 틀을 제공하고 있기도 하다.

서클

서클 접근방식은 캐나다의 원주민 공동체에서 처음 등장하였

다. 베리 스튜어트Barry Stuart 판사의 법정에서 처음으로 서클이 판결로 인정되었는데, 베리 스튜어트 판사는 이러한 형태를 표현하기 위하여 "평화형성서클peacemaking circle"이라는 용어를 선택하였다. 오늘날 서클은 다양한 목적을 위해 활용된다. 형사사건에서 형을 결정하기 위한 양형서클뿐만 아니라 치유서클, 직장에서의 갈등해결을 위한 서클 등이 있으며, 어떤 서클은 공동체 내의 대화를 위한 형식으로 만들어지기도 한다.

서클의 과정에서 참가자들은 둥글게 자리를 잡고 앉는다. 그들은 "토킹 피스"talking piece라고 불리는 물건을 차례로 전달하는 방식으로 한 번에 한 사람씩 앉은 순서대로 이야기하도록 한다. 한두 명의 "서클지킴이circle keeper"가 진행자로 봉사한다. 원주민 공동체에서는 연장자인 원로들이 서클을 이끌어가거나 조언과 식견을 제공하는 등 중요한 역할을 한다.

서클 절차의 일부로서 일련의 가치 또는 철학이 분명히 표출되는 경우가 자주 있다. 서클에서의 가치들은 존중, 개별 참여자들의 가치, 통합, 마음에서 우러나오는 진솔한 발언의 중요성 등을 강조한다.

서클은 의식적으로 참가자의 범위를 넓힌다. 피해를 입은 사람, 가해를 야기한 사람, 가족구성원, 때로는 사법공무원들이 포함되지만, 공동체 구성원 역시 필수적인 참가자이다. 이러한 공동체 구성원은 때로는 특정한 가해행위나 피해자 또는 가해자와 관련이 있거나 이해관계가 있어 초대되기도 하며, 때로는 공동체의 자원봉사자로서 진행 중인 서클에 참가하기도 한다.

공동체가 서클에 참여하기 때문에 서클에서는 다른 회복적 사법정의 모델보다 훨씬 광범위한 토론이 이루어진다. 참가자들은 공동체 내에서 가해행위를 유발한 상황, 피해자와 가해자에 대한 지원 필요, 공동체가 반드시 져야 할 의무, 공동체의 규범과 그 밖의 공동체와 관련된 이슈들을 다룰 수 있다.

서클의 적용범위는 광범위하다

서클은 초기에 소규모의 동질적인 공동체에서 시작되었으나, 오늘날 대도시 지역을 포함한 다양한 공동체에서, 형사사건 외에도 다양한 상황에 활용되고 있다. 서클은 이제 교육현장에서 지배적인 모델인 것 같다. 서클절차는 피해와 갈등을 해결하기 위한 "보편적인universal" 모델에 가장 근접한 것 같다. 여러 나라와 다양한 문화권 출신인 나의 대학원 학생들은 이와같은 서클들이 그들의 전통에 있었거나 현재도 있다고 말하고 있다.

이 책은 회복적 사법정의 모델의 여러 형태와 각 모델의 상대적인 장점에 대한 논의까지는 나아가지 않는다. 명심하여야 할 것은 앞에서 설명한 모든 내용은 만남의 여러 형태에 대한 소개라는 점이다. 이러한 형태는 참여하는 이해당사자의 숫자나 범주에 따라, 그리고 진행하는 방식의 미묘한 차이에 따라 달라질 수 있다. 다시 말하면, 이러한 형태들은 점점 더 섞이고 있기 때문에 이들 간의 차이점들은 과거에 비해 의미가 줄어들고 있다.

회복적사법정의는 반드시 만남을 필요로 하지 않는다

모든 회복적 접근방식이 직접적인 만남과 관련되어 있지 않다는 사실과 만남을 통하여 모든 필요가 충족될 수 없다는 사실에 주의를 기울여야 한다. 피해를 입은 사람에게는 가해한 사람과 관련될 필요가 있지만, 그렇지 않은 필요도 있다. 마찬가지로 가해한 사람도 피해를 입은 사람과 직접적인 연관성이 없는 필요와 의무를 가지고 있는 경우도 있다. 이 때문에 아래의 유형화는 만남 프로그램과 만남을 수반하지 않는 프로그램까지를 모두 아우른 분류법에 따른 유형이다.

목표에 따른 모델의 유형

형사사법시스템과 연계되어 있는 이런 다양한 접근방식 간의 차이점을 이해하는 또 다른 방법은 그 방식들의 목표를 검토하는 것이다. 종종 겹치기도 하지만 세 부류의 목표가 있다.

대안 또는 전환조치다이버전 Diversion 프로그램

이 프로그램은 통상 형사사법 절차나 양형의 어느 단계에서 사건을 전환조치다이버전로 종결하거나 그 대안을 제공하는 것을 목표로 삼는다. 경찰 또는 검사는 사건을 이 프로그램에 회부할 수 있는데, 만약 만족스러운 합의가 이루어지면 기소를 유예하거나 최종적으로 불기소처분을 내린다. 판사도 배상과 같은 양형인자를 추출하기 위하여 사건을 회복적 회합에 회부할 수 있다. 어떤 서클

절차에서는 피해자, 가해자 그리고 공동체의 필요에 적합한 양형을 결정하기 위하여 검사와 판사가 참여하기도 한다. 뉴욕의 바타비아Batavia에서는 유죄답변협상, 양형, 때로는 보석합의의 대안을 마련하기 위하여, 우선 중범죄의 피해자와 협의하고, 그 다음에 가해자와 협의하는 방식의 회복적 사법정의 프로그램을 오랫동안 시행해 오고 있다. 물론 뉴질랜드에서는 회복적 회합이 원칙이고, 재판은 그 대안책이다. 오클랜드, 캘리포니아, 그리고 콘코드, 매사추세츠에서의 기소전 전환조치다이버전 프로그램은 가해자가 책임을 지도록 하고, 가해행위에 기여한 환경을 개선하며, 피해를 입은 사람의 필요를 충족시킴으로써 소년들로 하여금 공식적인 사법절차를 피해가려는 시도를 하고 있다.

치유 또는 치료 프로그램

피해자-가해자 대화적 회합과 같은 회복적 프로그램은 점차적으로 폭행, 심지어 강간이나 살인처럼 가장 중한 범죄를 대상으로 삼아서도 개발되고 있다. 이런 경우 가해자들은 대부분 교도소에 수감되어 있다. 이와같은 만남 프로그램에서의 만남은 통상 사건의 결과에 영향을 미치기 위하여 마련되는 것은 아니다. 적절하게 준비되고 계획된 만남은, 누가 먼저 제안하였는지를 불문하고, 피해자와 가해자 모두에게 강력하고 긍정적인 경험이 된다는 점은 말할 필요도 없다.

이러한 유형의 모든 프로그램이 동일한 사건의 피해자와 가해자의 직접 만남을 수반하는 것은 아니다. 예를 들어서 가해를 한 사람이 존재하지 않거나 피해를 입은 사람이 만날 준비가 되어 있지 않다면 유사한 가해를 한 대용가해자surrogate offender와 만나도록 하는 것이 피해를 입은 사람에게 도움이 될 수 있다. 가해자도 대용 피해자를 만날 수 있다.

그와 같은 유형의 프로그램들 중 일부는 피해자에 방향을 맞춘 가해자에 대한 사회복귀 프로그램으로서의 기능을 수행한다. 처우과정의 일부로서 가해자는 자신이 한 행동을 이해하고 책임을 지도록 장려된다. 이 과정에서 피해자 그룹이 가해자들에게 그들의 사연을 말할 기회를 가지는 피해영향패널victim-impact panel이 개최될 수도 있다.

예를 들어, 생명의 다리Bridges to Life와 같은 다른 프로그램은 피해자, 가해자 그리고 때로는 공동체 구성원이 함께 모여 모든 참여자를 위하여 다양한 주제와 쟁점들을 토론하는 여러 세션을 교도소 내 세미나 형식으로 마련한다.

사회복귀 프로그램

회복적 프로그램이 만들어지고 있는 비교적 새로운 분야는 교도소 출소 후 가해자의 사회복귀 문제와 관련되어 있다. 이러한 프로그램들은 중간처우의 집과 교도소에서 설계되고 있는데, 가해자가 사회로 복귀할 때 피해자와 가해자 모두에게 도움이 되도록 피해자의 피해와 가해자의 책임부담에 초점을 맞추고 있다.

이와 관련된 한가지 모델은 출소한 성범죄자들을 대상으로 캐나다에서 발전된 "지원과 책임을 위한 서클"Circles of Support and Accountability: CSA 또는 CoSA이다. 미국의 많은 주와 캐나다에서 성범죄를 범하고 형기를 복역한 사람들은 거의 아무런 지원도 받지 못하고, 공동체와 피해를 입은 사람에게 큰 공포의 대상인 채로 출소한다. 이런 사람들은 그들을 가장 잘 아는 공동체로부터 배척당하기 일쑤이기 때문에 다른 공동체로 이주하게 된다. 이런 상황에서는 재범률이 높아질 수 있다.

지원과 책임을 위한 서클은 성범죄 전과자들, 공동체 구성원, 심지어 유사범죄의 피해자들이 모여 서클을 만들어 가해자를 지원할 뿐 아니라 가해한 사람이 책임을 지도록 한다. 처음에는 일일 점검을 하고, 할 수 있는 행동과 갈 수 있는 장소에 대한 엄격한 지침을 부과하여 강력하게 지도한다. 성범죄 전과자들에게 필요한 지원을 적절하게 제공함과 동시에, 그들의 행동에 책임을 지게 함으로써, 이들 서클은 공동체의 공포를 완화하고 전과자들을 사회에 재통합시키는 데 큰 성과를 거두어 왔다.

교도소 내의 재소자들이 교도소 내에서 회복적 사법 그룹을 만들거나 회복적 훈련과정을 만드는 일에 앞장서는 경우가 점차 늘어가고 있는데, 이러한 프로그램들은 위에서 살펴본 3가지 범주에 잘 들어맞지 않는다. 예를 들면, 펜실베니아 주의 그랫포드 교도소 Graterford Prison의 재소자들은 그들 스스로 동료들이 그들의 행동과 그 결과를 이해하고 문제를 해결할 수 있도록 훈련 프로그램을 개발하고 있다. 그들은 가까운 미래에 이러한 훈련 프로그램이 전국으로 확산되어 다른 재소자들도 이용할 수 있기를 희망한다. 『교도소에서의 회복적 사법』[21]은 이 프로그램 배후에 있는 일반 철학과 접근방식을 반영하고 있다.

"핵심적인" 회복적 사법정의 프로그램은 피해를 입은 사람과 피해를 입힌 사람과의 직접적 만남을 내용으로 하고 있긴 하지만, 덜 직접적인 프로그램들도 다양하게 존재한다. 이러한 모든 형태를 이해하기 위해서는 아래와 같이 회복적 사법정의를 일종의 연속체로 이해하는 태도가 도움이 될 수 있다.

회복적 연속체

이론적으로는, 피해자와 가해자의 직접적 만남을 제공하는 대부분의 서클 또는 회합은 완전히 회복적인 모델로 여겨질 수 있다. 적절하게 진행되고, 회복적 사법정의의 원칙과 가치가 일치된다면, 그것들은 앞서 개관한 회복적 사법정의의 지침에서 열거한 모든 기준을 충족한다. 그러나 회복적이라고 주장하는 다른 접근방식들은 어떠한가? 직접적 만남을 포함하지 않는 방법은 어떠한가? 회복적이라는 틀 안에서 다른 선택지도 존재하는가?

회복적 사법정의를 '완전 회복적fully restorative'에서부터 '비회복적not restorative'에 이르기까지의 몇 개의 지점이나 범주로 구분되는

---

21) Barb Toews, *Restorative Justice for People in Prison*(Gook Books, 2006) 『교도소에서의 회복적 사법』(대장간 역간).

하나의 연속체|continuum로 파악하는 것이 중요하다.

회복적 사법 실무의 정도 : 연속체

완전 회복적	대부분 회복적	부분적 회복적	잠재적 회복적	사이비–또는 비회복적적

다음의 일곱 가지 질문은 특정한 상황에서 회복적 사법정의 모델의 효율성뿐만 아니라 회복적인 것의 정도를 분석하는데 도움이 된다.

1. 피해, 필요 그리고 원인을 다루는가?
2. 피해를 입은 사람의 필요에 적절하게 방향이 맞춰져 있는가?
3. 가해한 사람들이 책임을 지도록 장려되고 있는가?
4. 모든 관련 이해당사자가 참여하는가?
5. 대화 및 참여적 의사결정의 기회가 있는가?
6. 모든 당사자를 존중하는 모델인가?
7. 모델이 힘의 불균형을 자각하고 그것을 해결하면서 모두를 동등하게 처우하는가?

회합이나 만남 프로그램은 완전 회복적이라고 할 수 있지만, 이런 모델이 전면적으로나 부분적으로 적용되지 않는 경우가 있다. 가해자가 검거되지 않았거나 책임질 의사가 없는 사건의 경우, 그 피해자를 어떻게 해야 하는가?

회복적 시스템에서는 가해자의 검거 여부와 관계없이 범죄 발생 직후에 피해자의 필요를 다루고 피해자를 참여시키기 위한 서비스가 시작되어야 한다. 따라서

회복적 옵션들은 가해자의 신원이 확인되었는지와 무관하게 피해자를 위한 옵션들로서 중요하다

피해자지원 제도는 비록 완전 회복적이라고 볼 수는 없지만 회복적 시스템의 중요한 구성요소이며, 적어도 부분적으로 회복적이라고 보아야 한다.

피해영향패널은 특정 사건의 피해자와 가해자가 아니지만, 피해자로 하여금 자신의 사연을 말하게 하고, 가해자로 하여금 자신이 저지른 행동을 이해하도록 장려한다. 이는 회복적 접근방식의 중요한 부분이며, 부분적으로 회복적 또는 대부분 회복적이라고 할 수 있다.

마찬가지로 가해한 사람은 기꺼이 자신의 책임을 이해하고 이를 수용할 의사가 있으나 피해자가 출석하지 않거나 원하지 않는 경우에는 어떻게 할 것인가? 이런 경우를 위하여 몇 개의 프로그램이 개발되어 있기는 하지만, 예컨대, 피해자를 입은 이들에서 배우고 배상과 같은 상징적 행위를 할 기회의 제공 더 많은 프로그램이 마련되어야 한다. 이런 프로그램들은 완전 회복적이라고 할 수는 없지만, 전체 사법시스템 내에서 필수적인 역할을 수행한다.

가해자 처우 또는 사회복귀 프로그램을 회복적 사법정의의 실천 프로그램이라고 할 수 있는가? 가해자 처우 프로그램은 예방책

의 하나로 볼 수 있으며, 가해자 사회복귀 프로그램과 더불어 회복적 사법과 상당히 유사한 점이 있다. 그러나 이는 종래부터 시행되어 오던 프로그램으로서, 처우와 사회복귀 과정에서 이루어지는 것 중에 명백하게 회복적인 내용은 거의 없다. 그러나 이러한 프로그램도 가해자를 대상으로 피해를 이해하고 책임을 지도록 하고, 나아가 피해자의 필요에 최대한 관심을 가지도록 처우함으로써 회복적인 기능을 할 수 있으며, 일부는 실제 그런 작용을 하고 있다.

가해자 처우제도는 어떻게 시행되느냐에 따라 "잠재적으로 회복적" 또는 "부분적으로 회복적"이라는 범주에 넣을 수 있다.

사회봉사명령은 회복적일 수도 있고 회복적 성격을 띠지 않을 수도 있다

마찬가지로 가해자 지원, 재소자 사회복귀 프로그램 또는 교도소에서의 종교교육은 그 자체로서 회복적인 것은 아니다. 그러나 이러한 프로그램이 회복적 틀을 포함하도록 개조된다면, 회복적 시스템 내에서 중요한 역할을 할 수 있다.

사회봉사명령은 "잠재적으로 회복적" 범주에 포함될 수 있다. 현재 시행되고 있는대로라면, 사회봉사명령은 기껏해야 구금형의 대체수단이지 회복적 사법의 형태는 아니다. 그러나 뉴질랜드에서 사회봉사명령은 많은 경우 가족간대화모임의 결과물이기도 하다. 회합의 모든 참여자가 행동계획을 수립하는 데 참가하고, 사회봉사의 내용은 최대한 가해행위와 연관성을 가지며, 수립된 행동계획에는 공동체와 가족이 어떻게 합의사항의 이행을 지원하고 감독

할 것인지에 대한 구체적인 내용이 포함되어 있다. 그런 점에서 사회봉사명령이 모든 참여자의 상호 합의에 근거한다면, 공동체에 빚진 것을 갚거나 기여하는 것으로 보여질 수 있기 때문에 잠재적으로 회복적 성격을 가진다. 이런 식으로 재구성한다면 사회봉사명령은 회복적 접근방식에 있어서 중요한 위치를 차지할 수 있을 것이다.

마지막으로 "사이비-회복적" 또는 "비-회복적"이라고 할 수 있는 범주가 있다. "회복적"이란 말은 너무 대중적인 용어가 되어버려 많은 운동과 실천들이 "회복적"이라고 호칭되지만 실제로 회복적이지 않은 경우가 있다. 이들 중 일부는 회복적으로 바뀔 수 있지만, 사실상 회복적으로 바뀔 수 없는 것들도 있다. 사형제도의 경우, 돌이킬 수 없는 추가적 손상을 가한다는 점에서 후자에 속한다.

제4장 • 어디로 갈 것인가?

나는 초기 저작물에서 법제도나 형사사법 시스템의 응보적 체제와 사법에 대한 보다 회복적인 접근방식 간의 차이를 극명하게 대비시킨 적이 있었다. 그러나 그 이후부턴 이러한 극단적 대비는 다소 오해를 불러일으킬 수 있다고 생각하게 되었다. 비교되는 특징을 도표를 활용하여 강조하는 방식은 두 접근방식을 구별하는 중요 요소가 무엇인지를 잘 보여주지만, 동시에 중요한 유사성이나 협력적 관계를 오도하거나 보이지 않게 하기도 한다.

응보적 사법정의 vs. 회복적 사법정의

법철학자 콘래드 브렁크Conrad Brunk는 응보와 회복이 이론적으로나 철학적으로 일반적으로 생각되는 것처럼 극단적으로 대립하는 것은 아니라고 주장한다.[22] 실제로, 응보와 회복은 많은 공통점을 가지고 있다. 응보이론과 회복이론의 주된 목표는 "저울추의 균형 맞추기balancing the scales"와 같은 방식으로 상호적으로 정당화될 수 있다. 양자에 차이가 있다면, 효과적으로 균형을 찾기 위하

---

22) Conrad Brunk, "Restorative Justice and the Philosophical Theories of Criminal Punishment: in *The Spiritual Roots of Restorative Justice,* Michael L. Hadley, editor(State University of New York Press, 2001), 31−56.

여 각자가 무엇을 제안하는지가 다르다.

사법에 관한 응보이론과 회복이
론은 모두 잘못된 행동으로 인하여
균형이 깨졌다는 기본적인 도덕적

**응보와 회복은
균형에 대한
공통의 관심을 가진다**

직관을 인정한다. 따라서 피해자는 당연히 무언가를 받아야 할 권
리가 있고, 가해자는 무언가를 해야 할 의무가 있다. 두 이론 모두
가해한 사람이 도덕적 주체로 대우받아야 한다는 것을 주장한다.
두 접근방식 모두, 행위와 그에 대한 대응 사이에 비례관계가 있어
야 한다고 주장한다. 그러나 의무를 충족시키고 균형을 바로잡을
수단currency이 무엇인지에 대하여는 차이가 있다.

응보이론은 고통의 부과가 정당화된다고 믿지만, 실제로 이는
피해자와 가해자 모두에게 역효과를 불러일으키곤 한다. 반면에,
회복적 사법정의이론은 진정한 의미에서의 정당화가 가해자가 책
임을 지도록 장려하고, 잘못을 바로잡고, 가해자 행동의 원인을 다
루기 위하여 적극적으로 노력함과 동시에 피해자의 피해와 필요를
인정하는 것이라고 주장한다. 회복적 사법정의는, 정당화를 위해
이러한 필요를 적극적으로 다룸으로써, 피해자와 가해자 모두를
긍정하고, 그들이 삶을 변화시키도록 도와줄 수 있는 잠재력을 가
지게 된다.

형사사법 vs. 회복적 사법
회복적 사법정의를 지지하는 사람들은 사법이 완전하게 회복

적으로 바뀔 날을 꿈꾼다. 이 꿈이 적어도 가까운 장래에 실현될지에 관해서는 논란의 여지가 있다. 아마도 현재의 법제도 또는 형사사법 시스템이 백업이나 대안으로 제공되는 반면, 회복적 사법 절차가 기본 규범이 될 때가 도래할 수도 있을 것이다. 이상적으로는 그러한 백업 제도 조차도 회복적 원칙과 가치에 의해서 향도되어야 할 것이다.

사회는 사람들이 책임을 부인할 때 최선을 다하여 "진실"을 발견하는 시스템을 갖춰야 한다. 어떤 사건은 너무 어렵거나 끔찍해서 가해행위의 직접적인 이해당사자가 해결할 수 없는 경우도 있다. 특정 사건에 관련된 어떤 사람들은 해결책을 만들어 내는 역할을 선택하지 않을 수도 있다. 직접적인 이해당사자의 필요와 의무를 넘어서는 사회의 필요와 의무를 관심 있게 다루는 절차가 있어야 한다. 우리는 또한, 현재의 법제도가 적절하게 작동될 때 대변하는 가치들, 즉 법치주의, 적법절차, 인권에 대한 깊은 존중, 체계적인 법의 발전이라는 가치를 훼손해서는 안 된다.

사법 역시 연속체로 볼 수 있을 것이다. 이 연속체의 한쪽 끝에는 서구의 법제도 또는 형사사법제도 모델이 있다.

목표: 가능한 한 회복적으로 되기

이 모델의 강점은 인권의 장려와 같이 그 의의가 매우 크다. 그러나 동시에 분명한 약점을 가지고 있다. 다른 한쪽 끝에는 회복적 대안이 있다. 이 또한 중요한 강점들을 가지고 있다. 그러나 회복적 대안 역시 적어도 실제로 인식되고 또 드러나고 있는 것과 같은 한계들을 가지고 있다.

아마도 가장 현실주의적 목표는 우리가 갈 수 있는 한 멀리, 회복적인 접근방식을 향하여 나아가는 것이다. 어떤 사건이나 상황에서는 그렇게 멀리 나아가지 못할 수도 있다. 그러나 또 다른 사건이나 상황에서는 진실로 회복적인 절차들과 결과물들을 이루어낼 수 있을 것이다. 그 중간에는 회복적 접근방식과 전통적인 형사 사법 시스템이 모두 활용되어야 하는 많은 사건들과 상황들이 있을 것이고, 이 경우는 단지 부분적으로만 회복적일 것이다.23) 그러면서도 우리는 이 특정한 연속체의 양쪽 끝 모두가 회복적 기반을 가짐으로써 더 이상 연속체가 의미를 갖지 못하는 그런 날이 도래하기를 꿈꿀 수 있을 것이다.

하나의 비전

나는 공동체와 사법시스템이 진짜로 협력관계를 가지게 될 진정한 회복적 사법적 접근방식을 꿈꾼다. 그런 날이 오면 우리는 가능할 때마다 사람들을 공식적 사법제도에서 벗어나게 해주는 협력적 공동체에 기반한community-based 회복적 절차를 활용할 수 있게 된다. 그러한 시스템 안에서는, 변호인들검사들을 포함하여은 자신들을 승리해야 하는 검투사로 생각하기 보다는 치유자나 문제 해결자로 여기게 될 것이다. 도우 놀Doug Noll이 제안하듯이 그들의 일

---

23) *Restorative Justice and Responsive Regulation*(Oxford University Press, 2002)에서 존 브레이스웨이트(John Braithwaite)는 회복, 억제, 무력화가 회복적 사법에서 어떻게 다루어질 수 있는지에 대한 흥미로운 모델을 제안한다.

은 고객에게 법적 선택지뿐만 아니라 상황에 대한 "갈등지도conflict map"와 비법률적 선택지를 제공하게 될 것이다.[24] 수잔 허먼Susan Herman은 가해한 사람의 신원이 확인되는 것과 무관하게 피해를 입은 사람을 특정하고 그들의 필요를 충족시키기 위하여 피해를 입은 사람이 "병행 사법parallel justice"을 이용할 수 있어야 한다고 주장한다. 병행 시스템은 요구되거나 가능할 때 가해한 사람과의 회복적 상호작용을 제공할 수 있다고 한다.[25] 진정으로 독립적인 피해자 지원기관은 검사와 피고인의 변호인 모두로부터 신뢰를 받을수 있고, 그래서 양 측으로부터 피해자가 필요로 하는 정보를 얻게될 것이다. 경찰에서부터 판사 그리고 그 이후까지 제도 안에 있는모든 사람들은 다음과 같은 회복적 사법 질문들을 하게 될 것이다: 누가 피해를 입었는가? 그들의 필요는 무엇인가? 그것들은 누구의 의무인가? 대립 당사자주의적 법원 시스템adversarial court system와교도소는 가장 마지막에 사용되어야 할 수단이고, 가능한 한 많이회복적 원칙과 가치에 기반하여 운영되어야 할 것이다.[26] 기본적

---

24) Doug Noll, *Peacemaking : Practicing at the Intersection of Law and Human Conflict*(Cascadia, 2003).

25) Susan Herman, *Parallel Justice for Victims of Crime*(National Center for Victims of Crime, 2010).

26) 가령, 샌드라 파벨락(Sandra Pavelak), 앤 세이모어(Anne Seymour), 그리고 베리 스튜어트(Barry Stuard)에 의해 편집 된 *The Legacy of Community Justice*(vernon, British Columbia : JCharlton Publishing Ltd, 2013)에서, 데니스 말로니(Dennis Maloney), 골든 바제모어(Gordon Bazemore), 그리고 조 허드슨(Joe Hudson)은 보호관찰관이 범죄에 대한 지역사회의 대응을 촉진하고 지역사회 차원을 동원하는 "지역사회 사법관(community justice officer)"이 되도록 보호관찰이 재편될 수 있는 방법을 설명하고 있다. 또한 흥미로운 부분은 *Civilising Criminal Justice : An internation Restorative Agenda for Penal Reform*(Waterside Press, U.K., 2013) 의 프레드 맥엘리아(Fred McElrea) 판사가 저술한 장으로, "혁명 절차로서의 회

으로 내장되어야 할 적법절차를 위한 수단들도 비대립 당사자주의적 방식이어야 할 것이다. 관련된 모든 사람들은 명확한 회복적 원칙과 가치 위에 자신들의 행동 근거를 찾을 것이다. 그리고 결과물들은 회복적 원칙과 가치를 표준으로 삼아 평가될 것이다.

진정한 정의는 진행중인 대화를 필요로 한다

그러나 이것은 하나의 꿈이고, 나 자신만의 "렌즈lens"를 통해 본 것으로 제한적이고 오류가 있을 수 있음을 인정해야 한다. 진정한 회복적 "시스템" 또는 진정한 회복적 접근방식이 어떤 모습일지를 그려내는 일은 다양한 목소리들과의 대화를 필요로 한다. 네덜란드 법학자 허만 비앙키Herman Bianchi가 새롭게 발전하는 회복적 사법 운동에 대하여 말해왔듯이 진정한 정의true justice는 끊임없는 "토론palaver"을 필요로 한다.

꿈과 비전은 중요하다. 나는 나의 책『우리시대의 회복적 정의 *Changing Lenses*』후기에서 다음과 같이 적었다.27)

나는 이상을 믿습니다. 대부분 우리에게는 그것이 부족했습니다. 그러나 그 이상은 우리가 목표로 하는 어떤 것, 그리고 그것을 거스리는 우리의 행동을 시험하는 어떤 것인 일종의 항로표지로 남아 있습니다. 그것은 방향을 지시합

복적 사법 : 당사자주의 시스템에서의 몇 가지 교훈"이 있다. 다른 제안들로는, 맥엘리아(McElrea) 판사는 지역사회의 구성원들이 공식적인 사법절차를 거치지 않고 직접 사건을 처리할 수 있는 지역사회 사법센터를 제안하고 있다.

27) Howard Zehr, *Changing Lenses : A New Focus for Crime and Justice*(Herald Press, 1990, 1995, 2005)『우리 시대의 회복적 정의』(대장간 역간).

니다. 방향 감각이 있어야만, 우리는 언제 길을 떠날 지 알 수 있습니다.

그리고 그 책 후기의 마지막 문단은 다음과 같다.

나의 희망은 당신이 이것을 비전으로 이해하는 것이다. 이 비전은 찾기 어려운 신기루라기보다는 희미하게 나마 보이는 종착지이다. 그러나 여기에 도달하기 위해서는 길고 꾸불꾸불한 여정을 거쳐야 한다.

삶의 방식

내가 이 일에 관여한 세월 동안 많은 사람들이 회복적 사법정의는 사실상 삶의 한 방식이라고 말해왔다. 처음 들었을 때 나는 이해할 수 없었다: 범죄에 대응하기 위하여 고안된 접근방식이 어떻게 해서 인생철학이 될 수 있는가? 마침내 나는 그것이 회복적 사법정의에 내재되어 있는 윤리체계와 연관되어 있다고 결론을 내렸다.

서구의 형사사법제도는 타인의 권리 인정, 행위의 일정한 한계 boundaries의 중요성, 인권의 중심성과 같은 중요한 긍정적 가치들을 신장하기 위한 것이었다. 그러나 이 제도는 대부분 부정적인 방식으로 작동되었다. 서구의 형사사법제도는 만일 당신이 타인에게 피해를 입한다면 우리도 당신을 가해할 것이라고 말한다. 제임스 길리건James Gilligan이 주장한 것처럼 형사사법제도는 가해행위의 거울상mirror image이다.[28] 결과적으로 우리는 그 거울상을 인도적인 것으로 만들기 위해 그것을 관리하고 완화할 다른 가치들을 가져와야 한다. 그 거울상은 그 자체로는 우리에게 선한 비전a vision of the good을 제시하지 못하기 때문이다.

이에 반하여 회복적 사법정의는 근본적으로 긍정적 가치체계, 즉 우리가 생명을 주는 방식으로 더불어 살아가는 방식에 대한 비전을 제공한다. 그것은 다음과 같은 추정, 즉 개인주의적 세상에 살고 있는 우리가 서로 서로 연결되어 있다는 추정에 기초하고 있다. 이 추정은 우리가 관계 속에 살고, 우리의 행동이 타인에게 영향을 끼치며, 그 행동이 해로울 때 우리가 책임을 져야 한다는 것을 상기시킨다.

앞에서 언급했듯이, 회복적 사법정의는 반드시 가치들에 기반을 두어야 한다. 많은 가치들을 나열할 수 있지만 나는 세 가지 "R" 가치, 즉 존중respect, 책임responsibility, 그리고 관계relationship에 초점을 맞추고 싶다. 이 중에 마지막 것이 기본적인 바탕이 된다. 관계는 대부분의 종교적, 그리고 문화적 전통에서 명확히 이해되고 있는 근본적 현실을 상기시킨다. 이는 또한 인간 본성에 있어서도 근본이 된다. 다니엘 골먼Daniel Goleman이 지적했듯이 뇌과학의 발견에 따르면 인간은 타인과 "연결되어 있는" 존재이다.[29]

---

28) James Gilligan, *Violence : Reflections on a National Epidemic*(Random House, 1996).

29) Daniel Goleman, *Social Intelligence : The New Science of Human Relationships*

회복적 사법정의는 강이다

몇 년 전 펜실베이니아 주에 사는 동안, 아내와 나는 주를 관통하여 흐르는 서스퀘해나 강의 근원지를 찾아 길을 나섰다. 두 강줄기 중 하나를 따라갔고, 마침내 한 농부의 헛간 뒤편에 도착해보니 한 개의 녹슨 파이프가 언덕에서부터 튀어나와 있는 것을 발견하였다. 샘에서 솟아나온 물은 파이프를 타고 가축의 물통으로 사용되는 욕조로 흘러 내렸다. 욕조를 넘쳐흐른 물은 지면을 따라 퍼져나가 개울을 이루었고, 마침내 이 거대한 강이 되었다.

물론 이 특정한 샘이 바로 강의 근원지인지는 논란의 여지가 있을 것이다. 인근에 있는 또 다른 샘들이 근원지일지도 모른다. 그리고 다른 수백 개의 개울에서 물이 흘러들어오지 않았다면, 이 개울은 당연히 강이 되지 못했을 것이다. 그럼에도 불구하고 나는 회복적 사법정의 운동을 이 강과 이 샘에 비유해왔다.

지금의 회복적 사법정의 분야는 1970년대에 사법을 다르게 실현하려고 꿈꾸던 몇 안 되는 사람들의 노력이라는 하나의 작은 물방울에서부터 시작되었다. 그것은 추상적인 사고로서가 아니라 실천과 실험으로서 처음 시작되었다. 이론과 개념은 그 후에 발전한 것이다. 비록 현대의 회복적 사법정의라는 개울의 직접적인 근원지는 최근에 발견된 것이지만, 그 개념과 실천은 인류의 역사만큼이나 오래되고 전 세계 모든 공동체만큼이나 널리 퍼진 전통에서 유래한다.

(Bantam, 2007).

회복적 사법정의라는 개울은 오늘날의 법제도 때문에 한동안 땅 밑에서 흐를 수밖에 없었다. 그러나 최근 몇십년 동안 그 개울은 다시 땅 위로 올라와 점차 넓은 강이 되었다. 오늘날의 회복적 사법 정의는 범죄를 우려하는 전 세계의 많은 정부와 공동체에 널리 알려져 있다. 전 세계의 수많은 사람들이 자신들의 경험과 전문기술을 이 강물에 흘려보내고 있다. 다른 강들과 마찬가지로 회복적 사법정의의 강도 전 세계 여기저기의 수많은 지류들로부터 흘러들어와 채워지고 있다.

어떤 지류는 세계 곳곳에서 시행되고 있는 실천 프로그램들이다. 또한, 다양한 토착적인 전통과 이러한 전통을 되살린 오늘날의 적용 사례들에 의하여 강물이 풍부해지기도 한다. 예컨대, 가족간 대화모임은 뉴질랜드 마오리족의 전통을 새롭게 변형한 것이다. 그 밖에 북부 캐나다의 원주민 공동체에서 유래한 양형써클, 나바호족의 평화구축법정, 아프리카의 관습법, 아프가니스탄의 부족 원로회의jirga가 있다. 지난 몇 십 년 동안의 피해자권리 지원 운동과 교도소대안시설 운동 등과 마찬가지로, 조정과 갈등해결의 분야도 이 강으로 흘러들어고 있다. 다양한 종교적 전통들도 이 강으로 흘러들어온다.

이처럼 많은 공동체와 문화에서의 실험, 실천, 관습들이 유용

**사법정의 절차는
맥락에 맞아야 한다**

하기는 하지만, 어느 것 하나도 그냥 단순히 다른 공동체나 사회에 바로 복제되어 적용될 수 있는 것은 아니며, 또 그래

서도 안 된다. 오히려 그것들은 다른 공동체와 사회가 잘못된 행동에 대응하기 위하여 어떻게 자신들만의 적절한 방식으로 사법정의를 나타내고 있는지를 보여주는 사례로 보아야 할 것이다. 이러한 접근방식은 영감을 주고, 그 시작점을 알려줄지도 모른다. 이러한 사례와 전통은 청사진을 제공하지는 못하겠지만, 사고와 방향을 정하는 데 촉매제의 역할은 할 수 있을 것이다.

이처럼 맥락에 중점을 둔 사법정의에 대한 접근방식을 통하여, 진정한 사법정의는 대화로부터 나오고, 지역적 필요와 전통을 고려한다는 사실을 상기하게 된다. 이것은 하향식으로 회복적 사법정의를 실천하려는 전략에 대하여 매우 주의를 기울여야 하는 이유 중 하나이다.

여기서 제시된 주장은 매우 단순하다. 현행 사법시스템을 작동시키는 물음, 즉 어떤 법이 침해되었는가? 누가 침해하였는가? 그들이 마땅히 받아야 할 벌은 무엇인가?라는 물음들에만 초점을 계속 맞추면, 사법정의에 아무런 도움이 되지 않을 것이다.

진정한 사법정의는 그 대신에 다음과 같은 질문들을 할 것을 요구한다. 누가 피해를 당하였는가? 그들은 무엇을 필요로 하는가? 이것은 누구의 의무와 책임인가? 누가 이 상황에서 이해당사자인가? 해결책을 찾는 데 이해당사자들을 관여시킬 수 있는 절차는 무엇인가? 회복적 사법정의는 단지 우리의 렌즈를 바꾸는 것이 아니라 질문도 바꿀 것을 요구한다.

무엇보다도 회복적 사법정의는 대화에 함께하자는 초대장이므로, 우리는 서로 도움을 주고 또 배울 수 있을 것이다. 회복적 사법 정의는 우리 모두가 실제로 관계의 망속에 들어와 있다는 사실을 상기시켜주는 메시지이다.

부록1 • 회복적 사법정의의 기본 원칙들

하워드 제어, 해리 미카(Harry Mika) [30]

이 원칙들은 1998년 발표되었고 어떤 면에서는 이미 과거의 것일 수도 있다. 그러나 공동체를 위하여 우리는 원래 형태로 다시 발표하기로 결정하였다. 우리는 이 원칙들을 여러분의 상황에 맞게 업데이트하여 적응시켜 볼 것을 권장한다.

1.0 범죄는 근본적으로 사람에 대한, 그리고 사람들 사이의 관계에 대한 침해이다.

1.1 피해자와 공동체는 피해를 당하였으며, 회복될 필요가 있다.

1.1.1 일차적 피해자는 가해행위에 직접 영향을 받은 사람이지만, 피해자와 가해자의 가족, 목격자, 그리고 영향을 받는 공동체의 구성원 또한 피해자이다.

1.1.2 범죄에 의해 영향을 받은 또한 반영된 관계가 반드시 다루어져야 한다.

1.1.3 회복은 피해자, 가해자, 그리고 공동체가 경험하게 된 다양한 필요와 피해에 대한 대응들이 이루는 연속체의 하나이다.

---

30) Howard Zehr and Harry Mika, "Fundamental Principles of Restorative Justice", *The Contemporary Justice Review*, Vol 1. No. 1. (1998), 47–55.

1.2 피해자, 가해자, 그리고 영향을 받는 공동체는 사법에 있어 핵심적인 이해당사자들이다.

1.2.1 회복적 사법 절차는 회복, 치유, 책임, 그리고 예방책을 모색하는 데 있어, 이러한 당사자들, 즉 가해자뿐 아니라 특히 주된 피해자가 최대한 의견을 개진하고 절차에 참가하도록 한다.

1.2.2 이러한 당사자들의 역할은 당사자들의 능력과 선호뿐만 아니라 가해행위의 특성에 따라 달라진다.

1.2.3 국가는 사건을 수사하고, 절차를 진행하며, 안전을 보장하는 등의 제한적인 역할을 수행하지만, 일차적 피해자는 아니다.

2.0 침해로 인하여 의무와 법적 책임이 발생한다.

2.1 가해자의 의무는 잘못을 가능한 한 많이 바로잡는 것이다.

2.1.1 주된 의무는 피해자에 대한 것이므로, 회복적 사법 절차는 피해자가 더 효과적으로 의무를 정하는 절차에 참가할 수 있도록 권한을 부여한다.

2.1.2 가해자에게는 피해자와 공동체에 가한 피해를 이해하고 적절한 책임을 부담하는 방안을 마련할 기회가 제공되며, 또한 그렇게 하도록 장려된다.

2.1.3 가해자는 최대한 자발적으로 참가하고, 강제적인 참가와 배제는 최소한에 그친다. 그러나 가해자가 자발적으로 참가하지 않으면, 자신의 의무를 수용하도록 요구당할 수도 있다.

2.1.4 범죄로 인한 피해로부터 발생한 의무는 잘못을 바로잡는 일과 관련성을 가져야 한다.

2.1.5 의무의 이행이 어렵고 심지어 고통스러울 수 있지만, 고통을 가하고 복수나 보복을 하기 위한 의도에 따른 것이어서는 안 된다.

2.1.6 배상과 같은 피해자에 대한 의무는 벌금과 같은 국가에 대한 의무와 다른 제재들에 우선한다.

2.1.7 가해자들은 그들 자신의 필요를 다루는 일 일에 더 적극적으로 참가할 의무가 있다.

2.2 공동체의 의무는 피해자와 가해자 및 공동체 구성원들의 공공복리를 위한 것이다.

2.2.1 공동체는 범죄피해자의 필요를 충족시키기 위하여 피해자를 지원하고 원조할 책임이 있다.

2.2.2 공동체는 구성원의 복리와 사회적 여건들 및 범죄와 공동체의 평화를 촉진하는 관계들에 대해 책임을 부담한다.

2.2.3 공동체는 가해자를 공동체에 통합시키기 위하여 노력하는 것을 지원하고, 가해자의 의무가 무엇인지를 결정하는 데에 적극적으로 참여하며, 가해자가 바뀔 수 있는 기회를 보장해 줄 책임이 있다.

3.0 회복적 사법정의는 치유하는 일과 잘못을 바로잡는 일을 추구한다.

3.1 정보의 제공, 피해의 검증, 정당성의 입증, 배상, 진술, 안전, 그리고 지원에 대한 피해자의 필요는 사법의 출발점이다.

3.1.1 피해자의 안전이 최우선이다.

3.1.2 사법절차는 궁극적으로는 피해자 개인의 차원에서 해결될 수밖에 없는 영역인 회복과 치유를 촉진하는 틀을 제

공한다.

3.1.3 피해자는 필요와 결과를 결정하는 과정에서 최대한 자신의 의견을 개진하고 참가함으로써 권한을 회복한다.

3.1.4 가해자는 가능한 한 피해를 원상으로 회복시키는 데 참여한다.

3.2 사법절차는 정보 교환, 절차 참여, 대화, 그리고 피해자와 가해자 간 상호 합의의 기회를 최대한 제공한다.

3.2.1 일부 사례에서는 면 대 면 대면이 적절하지만, 다른 사례에서는 대안적인 형태의 교류가 더 적절할 수 있다.

3.2.2 피해자는 교류의 조건을 정하고 방향을 설정하는 데 있어 주된 역할을 수행한다.

3.2.3 강제적으로 결론을 내리기보다는 상호 합의를 우선시한다.

3.2.4 반성, 용서, 화해를 위한 기회를 제공한다.

3.3 가해자의 필요와 권한이 다루어진다.

3.3.1 때로는 가해자 스스로도 피해를 당하였다는 인식을 바탕으로, 가해자에 대한 치유와 공동체로의 통합을 강조한다.

3.3.2 사법절차 내에서 가해자를 지원하고, 존중한다.

3.3.3 가해자를 공동체와 격리시키는 엄격한 규제는 필요하나 최소한으로 제한한다.

3.3.4 사법은 마지못해 순응하는 행동보다는 개인의 변화에 가치를 둔다.

3.4 사법절차는 공동체에 속해 있다.

3.4.1 공동체의 구성원들은 사법정의를 실현하는 데 적극적으

로 참여한다.

3.4.2 사법절차는 공동체의 자원을 활용하며, 결과적으로 공동체를 구축하고 강화하는 데 기여한다.

3.4.3 사법절차는 다른 사람들에게 유사한 피해가 발생하는 것을 방지하고, 피해자의 필요와 가해자의 책임부담을 다루는 과정에의 조기 개입을 촉진하기 위하여 공동체 내의 변화를 증진하려고 시도한다.

3.5 사법은, 그것이 의도된 것이든 아니든, 범죄 및 피해자화에 대한 사법적 대응이 만들어내는 효과를 염두에 두고 있어야 한다.

3.5.1 합의가 지켜질 때 치유, 회복, 책임부담, 그리고 변화가 최대한 이루어지기 때문에, 사법은 합의를 이행하는지 관찰하고 또한 이행하도록 장려한다.

3.5.2 공정성은 동일한 결과에 의해서가 아니라, 모든 당사자에게 필요한 지원과 기회를 제공하고, 민족, 계층, 성별에 따른 차별을 배제함으로써 보장된다.

3.5.3 관련 당사자들의 회복을 추진함에 있어 가장 최소한의 제한적 개입을 하는 것을 포함하여, 현저히 억제적이거나 자격박탈적인 결과는 최후의 수단으로 실행되어야 한다.

3.5.4 선택된 회복적 절차가 강제적 또는 응보적인 목적을 가지거나, 지나치게 가해자에 중점을 두거나, 사회통제를 확장하는 취지로 변질되는 것과 같은 의도하지 않은 효과가 발생하지 않도록 한다.

부록2 • 회복적 사법정의에 있어서의 세 가지

**독자에게 유용한 자료일 수도 있고 토론이나 발표에서
유용하게 사용될 수도 있다. 적절한 인용을 하면서 재생산할 수도 있다.**

하워드 제어

회복적 사법정의에는 세 가지 가정이 있다.

- 사람 그리고 관계가 손상되었을 때 필요가 만들어진다.

- 해악에 의하여 만들어진 필요는 의무로 이끈다.

- 의무는 손상을 치유하고, "바로잡는 것put right"이며, 이것
  이 정당한 대응이다.

회복적 사법정의의 세 가지 원칙들은 이 가정을 반영하고 있다.
정당한 대응은:

- 잘못된 행동에 의하여 야기되고, 그로 인해 드러난 피해
  를 복구한다. 회복.

- 필요를 다루고 피해를 복구하기 위한 적절한 책임을 촉구
  한다. 책임

- 공동체를 포함하여 영향을 받은 사람들을 해결과정에 포
  함시킨다. 참여

세 가지 중요한 가치가 기반을 제공한다.

- 존중

- 책임

- 관계

세 가지 질문이 회복적 사법정의에 중심적인 질문이다.

- 누가 다쳤는가?

- 그들의 필요는 무엇인가?

- 누가 그 필요를 처리하고 해악을 바로 잡으며 관계를 회복
  할 의무를 지는가?

이에 반대되는 질문: 무슨 법률이 위반되었는가? 누가 그랬는가? 그들이 어떤 대

가를 치러야 하는가?

세 가지 그룹의 이해당사자가 고려되고 참여하여야 한다.

- 피해를 입은 사람들과 그들의 가족

- 피해를 야기한 사람들과 그들의 가족

- 연관된 공동체 또는 공동체들

세 가지 염원이 회복적 사법정의를 이끌어 간다 : 올바른 관계
   속에서 살고자 하는 바램.

- 서로 함께with one another

- 창조적으로with the creation

- 창조주와 함께with the creater

부록3 • 회복적 사법정의? 그것은 무엇인가?

독자에게 유용한 자료일 수도 있고 토론이나 발표에서
유용하게 사용될 수도 있다. 적절한 인용을 하면서 재생산할 수도 있다.

하워드 제어

"회복적 사법정의restorative justice"이라는 용어를 구글에서 검색하면, 백만 개 이상이 검색된다. 35년 전에는 사실상 존재하지도 않았던 용어이다. 뜻을 물어본다면 아마도 여러분은 다양한 대답을 들을 것이다.

많은 사람들에게 회복적 사법정의는 범죄피해자와 그 범죄를 저지른 가해자 간의 만남으로 이해된다. 어떤 가족이 자신들의 주거를 침입한 십대들과 만남을 가진다. 이 만남에서 그들은 자신들의 감정을 표현하고 보상에 대한 계획을 협의한다. 어떤 가족은 딸을 살해한 사람과 만나 그에게 자신들이 겪은 충격에 대하여 이야기하고, 질문에 대한 답변을 듣는다. 학교 교장의 집 정원에 파이프 폭탄pipe bomb을 터뜨렸으나 폭발이 교장과 그의 어린 자녀들을 아슬아슬하게 비껴나간 후 교장 및 그 가족이 그 학생과 만남을 가진다. 교장의 가족과 마을 주민들의 두려움이 가라앉혀지고, 소년들은 처음으로 자신들이 한 일의 심각성을 이해한다.

회복적 사법정의는 피해를 입은 사람과 피해를 야기한 사람을 위한 만남 프로그램을 포함한다. 오늘날 전 세계적으로 수천 개의 프로그램들이 존재한다. 그러나 회복적 사법정의는 만남 이상이다. 그것의 범위는 형사사법제도를 훨씬 넘어선다. 점점 더 많은 학교들이 회복적 징계 절차를 시행하고 있고, 종교 단체들도 성직자들의 성추행과 같은 잘못된 행동을 다루기 위하여 회복적 접근 방식을 사용한다. 그리고 전 사회가 대규모 단위로 저질러진 잘못 wrong을 다루기 위한 회복적 접근방식을 고려하고 있다. 사람들을 한 곳에 모으고 여러 관점과 우려를 공유하며, 그 가족과 공동체가 직면한 문제의 해결책을 함께 찾으려고 노력하는 회복적 회합 또는 서클 절차가 점점 인기를 얻고 있다.

회복적 사법정의는 서구의 사법체계의 강점을 토대로 하고 있으면서도 그 체계의 약점을 바로잡기 위한 노력으로 1970년대에 나타났다. 특별하게 관심이 기울여졌던 분야는 피해자와 피해자의 필요에 대한 홀대였다; 법률적 정의legal justice는 주로 가해자와 관련된 것이다. 물론 이러한 정의 추구도 피해를 일으킨 사람들로 하여금 진정으로 책임을 지게 하려는 바램에 의해 추진된 것이었다. 그러나 처벌이 효과가 없다는 것을 인식하면서, 회복적 사법정의는 피해를 일으킨 사람이 자신들이 야기한 피해를 인정하고, 가능한 범위에서 그 피해를 복구하도록 장려하고 돕는 것을 목표로 삼게 된다. 가해를 한 사람이 마땅히 받아야 할 처벌 여부에 집착하기보다 회복적 사법정의는 범죄의 피해를 복구하고, 개인들과 공동체 구성원들이 그 절차에 참여하도록 하는 일에 초점을 맞추고 있다.

이는 기본적으로 우리 부모와 조상들이 가르쳤던 그런 종류의 가르침이자 상식이다. 그것은 사람들이 삶의 방식이라 불렀던 것이다. 어떤 잘못이 행해지면 거기에 이름이 붙여지고 그 잘못이 인정될 필요가 있다. 피해를 입은 사람들은 그들의 상실에 대하여 애도하고 자신들의 사연을 이야기하며, 궁금해 하는 물음들에 대해 답변을 들을 필요가 있다. 즉, 범죄에 의하여 야기된 피해와 필요가 다루어질 필요가 있는 것이다. 그들과 우리는 잘못을 한 사람들이 자신의 책임을 받아들이고 가능한 한 그 피해를 복구하는 조치를 취할 필요가 있다.

여러분이 아주 많은 구글 검색을 하면서 상상한 것처럼, 그 용어의 사용은 매우 다양하다. 때때로 그것은 의도된 것과 아주 다른 방식으로 사용된다. 따라서 여러분이 그 용어를 볼 때 다음과 같은 질문을 스스로에게 해보는 것이 좋다: 잘못이 인정되고 있는가? 피해를 입은 사람들의 필요가 처리되는가? 잘못을 한 사람이 그 피해를 이해하고, 잘못을 바로잡기 위한 의무를 받아들이도록 장려되는가? 연루되거나 영향을 받은 사람이 "해결"에 참여하도록 초대되고 있는가? 참여한 모든 사람에게 관심이 표명되는가? 만약 이러한 질문에 대한 대답이 "아니오no"라면, 회복적 요소를 가지고 있을지는 모르지만, 그것은 회복적 사법정의가 아니다.

부록4 • 회복적으로 사는 열가지 방법

독자에게 유용한 자료일 수도 있고 토론이나 발표에서 유용하게 사용될 수도 있다. 적절한 인용을 하면서 재생산할 수도 있다.

하워드 제어[31]

1. 당신 자신이 사람들, 제도들, 그리고 환경의 망에 서로 연결되어 있다는 것을 마음 속에 그리면서 관계를 진지하게 여길 것.

2. 당신의 행동이 타인과 환경에 미칠 현실적 그리고 잠재적인 영향에 대하여 염두에 둘 것.

3. 당신의 행동이 타인에게 부정적인 영향을 미칠 때, 그것을 인정하고, 심지어 당신이 그것을 회피하거나 부인할 수 있는 때에라도 그 피해를 복구할 방법을 찾음으로써 책임을 질 것.

4. 모든 사람을 존중하는 태도로 임할 것. 심지어 다시 만나지 않을 사람이거나, 그럴 가치가 없는 사람이거나, 또는 당신이나 다른 사람에게 피해를 끼친 사람일지라도 그러할 것.

5. 가능하다면 최대한 결정에 영향을 받는 사람들을 그 의사결정 과정에 포함시킬 것.

6. 당신의 삶속에 있는 갈등과 피해를 기회로 여길 것.

7. 설령 동의하지 않는다고 해도 다른 이들을 이해하려고 노력하면서 그들의 말에 깊이 그리고 공감하며 경청할 것단지 옳다고 해서

---

31) http://emu.edu/now/restorative-justice/2009/11/27/10-ways-to-live-restoratively/.

8. 다른 사람과의 대화에 참여할 것. 말을 듣는 것이 힘들 때에라도 그들과 그리고 그 만남으로부터 배울 수 있다는 마음을 유지할 것.

9. 당신 자신만의 "진실들"과 견해 내지 관점을 다른 사람들과 다른 상황에 강요하고 있는 것은 아닌지 주의할 것.

10. 성차별, 인종차별, 동성애혐오, 그리고 계급주의를 포함한 일상생활의 불의에 대하여 민감하게 맞설 것.

다음 표는 형사사법과 회복적 생활을 위한 다섯 가지 중요한 회복적 원칙들을 포함하고 있다.

회복적 사법정의의 원칙은 수잔 샤프Susan Sharpe의 『회복적 사법 : 치유와 변화의 비전Restorative Justice : A Vision of Healing and Change』을 캐서린 버젠Catherine Bargen이 수정한 것이다. 캐서린의 제안에 감사드린다.

회복적 원칙	형사사법에 적용	회복적 삶에 적용
완전한 참여와 합의에의 초대	피해자, 가해자, 그리고 공동체가 범죄피해에 대응함에 있어서 목소리를 낸다. 결과가 어떻게 되어야 하는지에 대하여 가능한 최대로 동의하여야 한다.	피해나 갈등 상황에 이해가 있다고 느끼는 사람은 누구나 해당 이슈에 대한 대화에 초청받고, 결과와 의사결정에 의견을 낸다. 힘의 불균형에 주의하여 다루어지고 가능한 한 많은 합의를 이끌어낸다.
망가진 것의 치유	범죄가 발생하면, 치유의 필요성이 제기된다. 이는 감정의 치유(피해자와 가해자를 위한), 관계의 치유 그리고/또는 물질적 손해의 배상이라는 형태를 취한다.	일상생활의 상호작용과 상황은 상처를 주는 말과 행동을 낳을 수 있다. 그것은 관계에 있어서 불의나 불균형을 느끼게 한다. 회복적 접근방식은 가능한 최대로 이러한 상처를 드러내고, 치유와 배상을 위한 공간을 만드는 것이다.
완전하고 직접적인 책임의 추구	가해자는 자신의 행동과 선택에 대하여 책임을 질 필요가 있다. 자신의 행동에 대하여 설명하고, 그 행동으로 야기된 피해에 대하여 피해자에게 책임을 질 기회를 가진다.	피해가 발생할 때, 우리는 해로운 행동과 권한의 남용에 대하여 주인의식을 갖고 그 역할을 하도록 하는 환경을 만들 수 있다. 회복적으로 산다는 것은 공정하고 합리적 방법으로 자신과 타인이 우리의 행동에 대해 책임을 지는 것을 존중하면서 기대하는 것을 의미한다.

회복적 사법 원칙	형사사법에 적용	회복적 삶에 적용
분열된 것의 재통합	범죄피해자는 사회로부터 소외감을 경험한다. 이는 가해자도 마찬가지이다. 소외감의 이유는 두 그룹간에 차이가 있지만, 범죄가 발생한 후에는 그에 영향을 받은 모두에 대해 범죄의 결과로서 재통합을 허용하는 절차가 추구될 필요가 있다. 그러한 절차들은 공동체에 재통합된다는 느낌뿐아니라 온전함과 "종결됨(closure)"이라는 새로운 느낌을 창출해 낸다.	상호작용의 영역에서 상처가 되거나 손상을 주는 행태는 소외감과 낙오자라는 느낌을 만들어낼 수 있다. 이는 사람들로 하여금 한쪽 편을 들게 하고, "우리 vs. 그들"이라는 대립적 심리상태를 만들어 낸다. 우리 공동체에서 분열이 일어난 지점을 면밀히 조사하는 것을 목표로 하고, 균형과 이해 그리고 화해를 향하여 작업하는 것을 목표로 하는 회복적으로 살아가기를 가능한 한 최대화하여야 한다.
장래의 피해를 예방하기 위한 공동체 강화	회복적인 사법 절차는 구체적인 범죄에만 집중하는 것이 아니라 공동체에 있는 범죄의 구조적인 원인과 그 해결방안에도 관심을 가진다. 이러한 방식에 따르면 단순히 범죄로부터 보호받는 것에 그치는 것이 아니라 보다 건강하고 보다 안전한 공동체가 만들어진다.	대부분의 공동체는 피해 상황을 종국적으로 학습의 기회로 활용하고, 성장시키며, 필요하다면 변화시킬 수 있다. 회복적으로 살아갈 때, 우리는 구조적인 부정의와 힘의 불균형을 명확하게 하는 일에 도움을 줄 수 있다. 그렇게 될 때 우리는 공동체를 우리에게 더 건강하고 더 정의로운 공간으로 만들기 위해 능동적인 변화를 지지하게 된다.

부록5 • 회복적 사정의와 평화만들기

내가 패컬티 멤버로 참여한 Center for Justice and Peacebuilding에서는 평화만들기peacebuilding라는 용어를 다양한 것을 담을 수 있는 포괄적 용어로 여기고 있다. 동료인 리사 셔크Lisa Schirch가 『전략적 평화만들기』Strategic Peacebuilding, 대장간 역간에서 설명했듯이 이 용어는 다양한 영역과 프로그램들 그리고 정의롭고 평화도록 사회를 만들고자 하는 접근방식을 포함한다.

평화만들기를 정의하는 하나의 방식은 건강한 관계를 만들고 유지하며 깨어진 관계를 복구하는 방식이다. 이 점을 고려할 때, 회복적 사법정의는 평화만들기 및 갈등해결이나 갈등전환과 같은 평화만들기 내부의 영역들에 대해 다음과 같은 구체적인 기여를 할 수 있는 것으로 보여진다.

1. 갈등은 반드시 처리되어야 할 부정의를 포함하고 있음을 인정함
2. 규칙에 초점을 맞추기보다는 사람과 관계에 미치는 영향에 초점을 맞추는 방식의 잘못된 행동에 대한 관계적 이해
3. 피해나 잘못이 발생했을 때 가이드라인이 되는 일련의 원칙들

4. 갈등해결을 위해 만들어진 유사한 몇 가지 기법을 사용하고 있기는 하지만 참가자들에게 관계된 피해와 그로 인해 지게 될 의무를 말해주고 처리하게 해주는 일군의 구체적인 실무관행들
5. 절차를 이끌어가고 건강한 관계를 위해 근본이 되는 핵심가치들과 원칙들에 명시적으로 기초함

더 읽어볼 책

회복적 사법정의와 관련된 정의와 평화 실천 시리즈

Allan MacRae and Howard Zehr, T*he Little Book of Family Group Conferences*, New Zealand Style. 『가족집단컨퍼런스 / 가족간 대화모임』, 하태선 김성호 배임호 역, 대장간 역간, 2017년.

Barb Toews, *The Little Book of Restorative Justice for People in Prison*. 『교도소에서의 회복적 정의』, 김영식 역, 대장간 역간, 2020년.

Carolyn Yoder, *The Little Book of Strategic Peacebuilding*. 『트라우마의 이해와 치유』, 김복기 역, 대장간 역간, 2018년.

David. R. Karp, *The Little Book of Restorative Justice for Colleges and Universities*. 『대학에서의 회복적 정의』 손진 역, 대장간 역간, 2020년.

Kay Pranis, *The Little Book of Circle Processes*. 『서클 프로세스』, 강영실 역, 대장간 역간, 2018년.

Lisa Schirch, *The Little Book of Trauma Healing*. 『트라우마의 이해와 치유』, 김가연 역, 대장간 역간, 2014년.

Lorraine Stutzman Amstutz, *The Little Book of Victim Offender Conferencing*. 『피해자 가해자 대화모임』, 한영선 역, 대장간 역간, 2020년.

Lorraine Stutzman Amstutz and Judy H, Mullet, *The Little Book of Restorative Discipline for Schools*. 『회복적 교육』, 안은경 역, 대장간 역간, 2020년.

Howard Zehr, *El peque o Libro De Justicia Restaurativa*.

하워드 제어의 저서

Changing Lenses: *A New Focus for Crime and Justice* (Herald Press, 1990, 1995, 2005). 『우리 시대의 회복적 정의』, 손진 역, 대장간 역간, 2019년.

Doing Life: *Reflections of Men and Women Serving Life Sentences* (Intercourse, Pennsylvania: Good Books, 1996).

Transcending: *Reflections of Crime Victims* (Intercourse, Pennsylvania: Good Books, 2001).

What Will Happen to Me? with Lorraine Stutzman Amstutz (Good Books, 2011).

Critical Issues in Restorative Justice, with Barb Toews (Lynne Rienner, 2004).

"Restorative Justice Blog", with Carl Stauffer, available at http://emu.edu/now/restorative-justice/.

The Zehr Institute for Restorative Justice(webinar series and other resources) available at http://emu.edu/cjp/restorative-justice/.

초판 해 제

김성돈 / 성균관대학교 법학전문대학원 교수

I. 들어가는 말

1. 『회복적 정의/사법 리틀북』원제목: *The Little Book of Restorative Justice*이라는 제목의 이 책이하, '정의와 평화 실천 시리즈'은 2002년 출간된 회복적 사법에 관한 하워드 제어의 두 번째 책이다. 제어는 이미 10년 전 1990년 그의 주저 『회복적 정의란 무엇인가』KAP 2012, 원제목: *Changing Lenses: A New Focus for Crime and Justice*를 통해 회복적 사법에 관한 이론을 최초로 명쾌하게 제시하여 선구자라는 평가를 받았다. 1990년의 『회복적 정의란 무엇인가』가 회복적 사법에 관한 이론과 그 이론적 기초를 정립한 책인 반면, 2002년 '정의와 평화 실천 시리즈'는 회복적 사법의 핵심 원리와 가치 그리고 회복적 사법의 실천전략을 쉽고도 일목요연하게 정리한 책이다.

2. 하지만, 회복적 사법 이론과 회복적 사법 운동의 역사에서 10년은 그냥 10년이 아니다. 이 기간 동안 회복적 사법은 유년기를 지나면서 이론이나 사회운동 차원에서 한층 성숙한 모습을 보이면서 각국의 정책결정자들에 의해 인식되었고, 그 개념도 사법관련 실무가와 학자들 그리고 심지어 일반대중에까지 알려지게 되었다.

이러한 성장과 확산에 맞추어 회복적 사법의 원리, 가치 그리고 패러다임에 관한 이해도 이론가들 사이에 많은 논쟁을 거치면서 그 실천 잠재력이 더 커지게 되었다. 이와 같은 변화가 제어의 2002년 '정의와 평화 실천 시리즈'에도 일정 부분 나타나 있다. 하지만, 이 '정의와 평화 실천 시리즈'에서 드러난 변화상은 1990년 제어의 책 『회복적 정의란 무엇인가』에서 사용한 렌즈를 다른 렌즈로 교체한 결과가 결코 아니라, 그 렌즈 사용법만 바꾼 결과이다. '정의와 평화 실천시리즈'의 흐름을 따라가 보면서 그 렌즈에 포착된 피사체의 달라진 모습을 알아보자.

II. 회복적 사법의 핵심 원리와 회복적 사법의 개념 정의

1. '정의와 평화 실천 시리즈'에서 제어는 그 동안의 회복적 사법에 대한 최근의 관심증가가 전통적인 서구의 법시스템 실무상의 몇 가지 문제점 때문인 것으로 진단하고 있다.27-28쪽 그 문제점은 가혹한 형벌에 의존하는 실무관행이 재범률을 낮추지 못하고 응보적 형법이 피해자나 사회가 입은 손해에 아무런 도움이 되지 못하였다는 자각에 토대를 두고 있다. 가혹한 형벌이나 응보적 형법 어느 것도 평화를 증진시키지 못하고 피해자, 가해자 또는 공동체의 회복에 기여하는 바가 없다는 것이다. 제어는 바로 이러한 문제점들에 대한 자각이 회복적 사법 실무를 고려할 수 있는 계기를 마련해 주었다고 한다. 이러한 1970년 이래 미국을 포함하여 영국, 호주, 캐나다, 남아프리카 그리고 뉴질랜드 등 많은 나라에서 회복적

사법의 원칙들을 반영한 법제도들을 만들어 시행하고 있고, 세계 전역에 걸쳐 수천 개에 달하는 공동체들이 응보지향적인 전통적인 형사사법 시스템과 별도로 회복적 사법 실무를 운용하고 있음은 이러한 제어의 진단이 틀리지 않았음을 증명해주고도 남는다.

2. 제어는 회복적 사법운동의 이와 같은 확산과 성공이 범죄에 대한 대응에서 형벌과 그 형벌을 부과하는 국가의 역할보다는 피해자와 가해자, 그리고 공동체가 진정으로 원하는 바필요와 그들의 역할에 대한 관심에서 시작한 것임을 염두에 두고 피해자, 가해자 그리고 공동체의 필요가 무엇인지를 정리하여 우리 앞에 펼쳐 보여준다.47-53쪽 나아가 제어는 범죄에 대한 대응으로서 형벌 보다 필요에 초점을 두는 회복적 사법의 관심사가 범죄에 대한 시각의 차이에서 오는 것임을 밝히고 그로부터 회복적 사법을 지도하는 원리들을 이끌어낸다.56-57쪽 제어는 범죄를 국가 법질서의 위반이 아니라, 사람에 대한 침해 및 관계의 침해라고 본다. 이 때문에 범죄를 범죄에 대한 비난 및 그에 기초한 '국가'의 형벌이 아니라, 피해자와 가해자 그리고 더 나아가 공동체의 의무를 발생시킨다고 보고, 그 중에 핵심되는 의무는 '잘못을 바로잡는 것'이라고 한다. 여기서 다시 제어는 잘못을 바로잡기 위해서는 무엇이 잘못되었는지를 다루어야 하고 무엇이 잘못된 것인지를 알고 잘못을 바로잡을 의무를 수행하도록 하기 위해서는 누가 절차에 참여하고 어떤 방식으로 참여하는지를 마치 수학의 방정식을 풀 듯 논리적으로 풀어간다. 여기서 제어는 회복적 사법은 잘못을 바로잡는 절차

에 피해자, 가해자, 그리고 더 나아가 공동체를 참여시켜야 하고, 이 절차에서 이들이 입은 피해에 초점을 맞추어야 할 뿐 아니라, 이들 이해관계자들의 의무 내지 책임까지 인정한다. 즉 제어는 회복적 사법이 피해자의 물질적 회복이나 가해자의 재사회화에만 관심을 두는 편면성을 가진 사법의 형태가 아니라 모두의 관심사를 균형 있게 다루는 균형사법임을 강조하고 있다. 특히 제어는 잘못을 바로 잡는 일에 전통적인 사법이 가장 등한시 한 일이 그 잘못의 원인을 다루지 못했다는 점에 주목하여, 범죄가 가해자만의 잘못이 아니라 사회의 부정의를 포함한 범죄를 양산한 사회적 제반 조건들에까지 관심을 가져야 함을 강조한다.

3. 이 부분까지는 제어의 회복적 사법에 관한 이론이 이제 널리 퍼져 성숙단계에 이르고 있는 다른 회복주의자들의 입장과 크게 다를 바 없어 보인다. 제어는 "회복적 사법은 최소한 피해자의 피해와 필요를 다루고, 가해자가 그 피해를 바로잡기 위하여 책임을 지고, 그 과정에 피해자, 가해자 그리고 공동체가 관여하는 것을 필요로 한다"60쪽는 점을 강조하면서, 1990년의 회복적 렌즈를 통해 회복적 사법정의의 다섯 가지 핵심 원리를 제시하고 있다.73-74쪽 하지만, 제어가 – 최종적으로 고착되거나 자칫 교만하게 비칠지에 대한 우려를 하면서도 – 내리고 있는 회복적 사법에 관한 정의를 보면 제어가 생각하는 회복적 사법정의의 지평이 다수의 회복주의자들의 태도와 차별성을 가지고 있음을 간파할 수 있다. 그는 회복적 사법정의를 다음과 같이 정의한다. "회복적 사법은 가능한

한 잘못을 바로잡고 '치유' 하기 위하여 특정한 가해행위에 이해관계가 있는 사람을 최대한 관여시켜 피해와 필요, 그리고 의무를 함께 확인하고 다루는 과정이다."76쪽 여기에서 제어는 '잘못을 바로잡는 일' 과 나란히 '치유' 를 회복적 사법을 통해 추구해야 할 목표로 부각시키고 있는데, 여기서 치유라는 회복적 사법정의의 목표는 그가 모범으로 삼은 – 오늘날 회복적 사법의 정의로서 가장 널리 알려진 – 토니 마아샬Tony Marshall의 정의, 즉 "특정한 가해행위에 이해관계를 가진 모든 당사자가 그 가해행위가 미친 영향 및 그 가해행위가 장래에 대해 가지고 있는 함의를 어떻게 다룰 것인가 하는 문제를 집단적으로 해결하기 위해 함께 모이는 절차"와도 분명히 차이를 보여주고 있다.

Ⅲ. 목적으로서의 '치유' 와 가치로서의 '존중'

1. 제어가 다른 많은 회복주의자들과 달리 피해자, 가해자 그리고 공동체의 '치유' 를 회복적 사법의 목표와 임무로 설정해 놓고 있는 부분은 바로 뒤에서 강조하고 있는 회복적 사법의 '가치' 에 관한 설명과 맥락을 같이 한다. 뿐만 아니라 제어는 '정의와 평화 실천 시리즈' 의 도입부에서 회복적 사법이 무엇인가를 먼저 밝히는 대신 회복적 사법이 아닌 것들을 먼저 밝힘으로서 그가 생각하는 회복적 사법의 그림의 특징적 모습뿐 아니라 그동안 자신의 생각이 일정부분 변화된 것까지 우리에게 확인시켜 주고 있다. 즉, 제어에 의하면 회복적 사법의 주된 초점이 용서와 화해에 있는 것

이 아니며, 물질적 손해의 단순한 조정도 아니고, 재범율의 감소나 범죄예방을 위한 대안적 사법으로 디자인된 것도 아니라고 한다. 그뿐만 아니라 제어는 회복적 사법정의가 특정한 프로그램이나 청사진을 지칭하는 것도 아니고, 경미범죄나 초범사건을 다루기 위한 것도 아니며, 범죄문제 해결을 위한 만병통치약도 아니라고 한다. 더 나아가 제어는 회복적 사법정의가 종래의 전통적 형사사법을 반드시 대체하려고 하는 것도 아니며, 응보사법과 극단적으로 대립각을 세우는 것도 아니라고까지 말한다. 37-46쪽

2. 이처럼 제어가 굳이 회복적 사법이 '아닌 것'들을 통해 자신의 생각을 밝히려는 저의에는 그 프로그램의 외형적 모습이나 그것이 실제로 기능하고 있는 현실에 바탕을 둔 회복적 사법에 대한 이해에 회복적 사법을 관통하고 또 관통해야 할 핵심 '가치'가 빠져 있음을 강조하려는 의도로 보인다. 회복적 사법의 핵심 '가치'를 어디에 두고 있는가? 그의 말을 직접 들어보자. "궁극적으로 하나의 기본 가치가 특히 중요한데, 그것은 바로 존중이다. 만약 회복적 사법을 한마디로 요약해야 한다면, 나는 존중을 고를 것이다. 여기서의 존중은 모두를 위한 존중을 말하며, 다른 사람들, 심지어 적으로 보이는 사람들에 대한 존중도 포함한다. 존중은 우리가 서로 연결되어 있다는 것뿐 아니라 우리가 서로 다르다는 것도 상기시켜준다. 존중은 모든 당사자의 관심을 균형 있게 배려하는 것을 의미한다." 77쪽

3. 마치 강단의 설교내용을 연상케 하는 제어는 '존중' 가치는

"모두의 책임, 모두의 회복 그리고 모두의 '치유'의 촉진"73쪽에 이르는 회복적 사법의 원동력으로 강조되고 있다. 제어에 의하면 우리가 이러한 가치를 저버리지 않으면 우리가 모두 서로 연결되어 있다는 관계망적 세계관에 눈뜨게 되고, 우리가 서로 다르다는 차별성도 알 수 있게 한다고 한다. 이 때문에 제어는 이 존중가치가 회복적 사법의 '원리'들의 저류로서 회복적 사법의 원리의 적용을 향도하고 그 구체적인 적용 모습까지 만들어간다고 한다.81쪽

4. 물론 모두에 대한 존중과 관계망적 사고는 그가 뿌리를 둔 메노나이트 종교적 세계관, 특히 샬롬Shalom사상과 밀접하게 연관되어 있는 것으로 보인다. 하지만, '원수'까지도 존중의 대상에 넣은 제어의 가치 강조점은 오늘날 국가형벌정책이나 여론의 일각에서 보여주는 무관용 사상에 경도되어 범죄자들을 우리와 다른 악마로 생각하고 영구격리되거나 죽임을 당해야 마땅하다고 생각하는 이른바 배제적 형사사법을 향해 경종을 울린다. 회복적 사법이 우리는 모두 관계되어 있음을 일깨워준다는 제어의 지적은 범죄의 문제를 '범죄자'의 문제로만 보고, 그 범죄사건을 '처리'하는 데에만 급급해 하는 기존의 형사사법으로 하여금, 범죄의 원인이 어디까지 연결되어 있는지, 그러한 연결고리를 끊을 범죄사건의 진정한 '해결'을 위해서는 어떤 노력을 해야 하는지에 대해서도 푯대를 제시해주고 있다.

IV. 연속체로서의 회복적 사법

1. 2002년 '정의와 평화 실천 시리즈'에서 우리가 가장 주목해야 점은 제어가 회복적 사법을 응보적 사법과 극단적으로 대비시켰던 1990년의 관찰내용을 공개적으로 수정하고 있다는 점이다. 제어는 1990년 『회복적 정의란 무엇인가』에서 회복적 사법을 새로운 패러다임으로 소개하면서 응보적 형사사법을 극복되어야 할 과거의 패러다임으로 회복적 사법의 대척점에 두었다. 그리고 제어는 회복적 사법이 범죄개념에 대한 근본적 정의에서뿐 아니라 기본적 가치와 전제가 종래의 형사사법인 응보적 형사사법과 어떤 점에서 그리고 얼마나 다른지를 설명하는 일에 많은 지면을 할애하였다. 하지만, 2002년 '정의와 평화 실천 시리즈'에서 제어는 1990년 『회복적 정의란 무엇인가』에서와는 달리 응보적 사법도 회복적 사법과 공통점을 가지고 있고, 서로 협력관계에 있을 수 있다고 하였다. 이러한 변화는 제어가 회복적 사법이라는 새로운 렌즈를 통해 형벌의 사용과 필요성을 부정하는 회복적 사법의 가치를 옹호하는 데 얼마나 공을 들였는지를 생각하면 초기 사상의 근간을 흔들만한 변화라고 할 수 있다.

2. 하지만, 앞에서 언급하였듯이 이러한 변화를 제어가 자신의 회복적 사법의 렌즈를 바꾼 것으로 보아서는 안 된다. 오히려 1990년 이후 10여 년간 회복적 사법에 관한 이론과 실무가 숙성과정을 거치는 동안 제어가 더 높은 관점에서, 그리고 더 먼 곳에서 회복적 사법의 렌즈를 사용한 결과라고 보아야 한다. 제어는 그동안 회복

적 사법 이론 모델 가운데 절차중심적 순수주의자와 결과중심적 확장주의 간의 논쟁을 지켜보았다. 그뿐만 아니라 과거 전통적 사회에서 행해졌던 회복적 사법의 관행은 물론이고, 지금도 일부 국가의 원주민사회에 실행되고 있는 회복적 사법의 모습들, 더 나아가 전 세계적으로 확산되고 있는 여러 회복적 사법정의 프로그램들을 관찰하였다. 이 때문에 그는 회복적 사법의 외연과 내포가 모두 확장되고 있음을 인정하고 회복적 사법정의라는 용어를 이들 모두를 포괄하는 포용적 개념으로 사용해야 할 필요성을 인정하였다. 그 결과 그는 회복적 사법이 회복적 사법의 가치와 원리를 완전하게 실현할 수 있는 '완전' 회복적 사법에서부터 회복적 사법이라는 이름만 가지고 있는 '유사' 회복적 사법에 이르기까지 다양한 스펙트럼이 있음을 파악하게 되었다.105-107쪽 이에 따라 그는 회복적 사법정의를 하나의 단면으로 고정시키지 않고 일종의 연속체continuum로 바라본다. 응보적 사법도 당연히 이 연속체 속에 들어가는 것이므로 회복적 사법이 응보적 사법과 대립관계에 있는 것이 아니라 협력관계에 있는 것으로 생각을 넓힌 것도 바로 이 때문이다. 제어는 이제 두 개의 사법이론의 공통점은 두 이론 "모두의 주된 목적은 잘못을 되갚아 바르게 조정하는 방법으로 상호 호혜를 통하여 정당성을 해명하는 것"에 있고, 다만 차이가 있다면 "효과적으로 균형을 바로잡기 위하여 무엇을 제안하는가 하는 점에서의 차이"밖에 없다고 보고 있다.109-110쪽 이러한 인식하에 그는 현행의 형사사법과 회복적 사법도 일종의 연속체의 관계 속에서 파악하여 "현실적 목표는 가능한 한 회복적인 절차를 향하여 나아가는 것이고", "이 연속체의 양쪽 끝 모두가 회복적 기반을 가짐으로써 더 이상 연속체가 의미를 갖지 못하는 그런 날을 꿈꾸고" 있다.112쪽

3. 제어가 현행의 형사사법 시스템과 회복적 사법을 어떤 관계 속에서 바라보고, 제어의 이론이 회복적 사법의 이론의 지형도의 어느 지점에 있는지를 정확하게 말하기는 쉽지 않다. 제어는 1990년『회복적 정의란 무엇인가』에서부터 응보적 형사사법과 회복적 사법정의가 병렬적인 시스템으로 가야 한다는 생각을 가지고 있었다. 이런 점에서 보면 범죄에 대한 현행 형사사법 시스템의 대응방식을 포기하고 모두 회복적 사법으로 대체해야 한다고 하는 이른바 민사화 테제까지도 – 적어도 그 착안점은 – 수용하고 있는 입장이라고 평가할 수 있을지 모른다. 이 때문에 제어의 입장을 회복적 사법이 그 원칙과 철학의 순수성을 유지하면서 전통적 형사사법과 분리된 채 작동하는 분리모델또는 순수주의로 분류할 수도 있을 것이다. 하지만, 2002년 '정의와 평화 실천 시리즈'에서 제어는 더 이상 회복적 사법정의를 현실의 형사사법제도의 틀 속에 들어가야 할 특정 프로그램도 아니고 형사사법 속에 정착되어야 할 어떤 특정 법제도로 보지 않는다. 그 대신 그는 회복적 사법을 사법에 대해 우리가 견지해야 할 가치와 철학으로 보고 있다. 그에 의하면 "회복적 사법은 지도가 아니라 나침반이다."42쪽 이러한 시각은 그가 회복적 사법이 형법적 의미의 범죄crime에 대한 대응적 사고가 아니라 널리 잘못된 행위wrongdoing에 대한 대안적 사고 틀로 될 것이라

고 여러 번 강조하고 있는 점에서도 드러난다. 이 때문에 우리는 그의 입장을 형폐지주의냐 전환조치다이버전모델이냐, 아니면 통합주의회복적 형사사법 시스템냐 하는 특정 모델적 시각에서만 평가할 수 없는 것임을 알 수 있다. 이러한 차원에서 보면 회복적 사법이 대안적 형벌인가 형벌에 대한 대안인가를 둘러싸고 진행되고 있는 논쟁도 회복적 사법을 형사사법과의 관계라는 사고틀 속에서만 관찰하는 태도라고 할 수 있다.

4. 이와 같은 협소한 시각과 태도는 제어가 사용하고 있는 회복적 사법의 렌즈를 과소평가하는 시각과 태도이다. '사진작가'이기도 한 제어가 1990년 '렌즈바꾸기'에서는 회복적 사법의 렌즈를 어떤 고정된 대상을 가까운 곳에서 줌인zoom-in하는 방식을 사용한 것이라면, 2002년 '정의와 평화 실천시리즈'에서는 동적인 피사체들을 줌아웃zoom-out하는 방식으로 사용하고 있다. 바꾸어 말하면 제어는 이제 자신의 회복적 사법의 렌즈를 '광각에서 망원'으로 바꾼 것이라고 할 수도 있다.

5. 물론 제어도 자신의 렌즈가 자신이 속해 있는 영미권의 사회문화적 배경과 법제도적 배경 아래에서 만들어진 렌즈라는 점을 인정한다. 특히, 이 때문에 범죄개념을 국가의 법질서에 대한 침해라는 공적인 측면보다는 사람에 대한 침해 또는 관계에 대한 침해로 정의하고 있는 점도 이러한 배경과 무관하지 않다. 전통적으로 영미법계에서는 범죄를 피해자와 가해자의 사적 갈등으로 보았던 것은 주지의 사실이다. 독일 등 유럽 국가에서보다 영미에서 사

인소추제도가 더 오랫동안 유지된 것도 이 때문이라고 할 수 있다. 그러한 전통은 영미권 국가에서의 형사소송의 구조가 당사자주의적 구조로 정착된 사실과도 무관하지 않다. 증거법 분야에서 민사소송의 증거원칙과 형사소송의 증거원칙들이 공통으로 사용되고 있는 현실도 같은 맥락이라고 할 수 있다. 이와는 달리 중앙집권적 왕정체제로 인해 국가 공형벌제도가 일찍부터 발전한 동아시아 국가의 전통적 법체계와 유럽식 형사사법제도를 수용한 우리의 의식에는 일찍부터 범죄가 사적인 사람 간의 관계 보다는 공적인 법질서에 대한 침해라는 점이 훨씬 넓고 깊게 각인되어 있다. 이와 같은 이유로 우리의 형사사법 시스템의 토양에서는 영미권에 비해 회복적 사법의 연속체 가운데 한 극단에 있는 절차중심적 순수모델의 씨앗이 배양되기가 훨씬 어렵다고 할 수 있다. 경찰은 경찰대로, 검찰은 검찰대로 사건부담을 줄이거나 수사절차에서 주도권 경쟁과 연계하여 호주나 영국식의 전환조치다이버전제도를 성급하게 도입하려는 것도 회복적 사법에 관한 실무경험이나 이론에 관한 충분한 검토 없이 또는 역사적 맥락과 무관하게 회복적 사법의 한 단면만을 본 탓이라고 할 수 있다. 회복적 사법의 일도양단식 이해나 그에 기초한 성급한 적용이 회복적 사법이 가지는 잠재력을 오히려 제한할 우려가 있음을 알아야 한다.

6. 그럼에도 불구하고 치유와 회복, 그리고 그를 위한 '존중'의 가치와 '관계망'에 대한 자각은 특정 사회나 문화를 떠나서 인간이 사는 세상 어디에서나 강조되어야 하고 추구되어야 할 방향이다.

따라서 회복적 사법을 특정 프로그램으로서가 아니라 모든 사회가 범죄에 대응함에 있어 견지해야 할 철학과 가치임을 강조하는 제어의 생각은 어떤 사회라도 추구하지 않으면 안 될 바람직한 가치의 표상으로 인정하지 않을 수 없다. 이러한 맥락에서 보면 우리도 회복적 사법을 어떤 특정 시스템이나 프로그램과 무관하게 다음과 같이 정의할 수 있을 것이다. '회복적 사법은 범죄에 의해 영향을 받은 자들을 절차 속에 참여시키고, 그 절차 속에서 이해관계자 모두의 치유와 회복을 추구하며, 서로 협력하며 존중하는 가운데 범죄문제의 진정한 해결을 도모하는 사법에 관한 철학이다.'

7. 회복적 사법을 이러한 시각에서 바라본다면, 굳이 순수모델에서 강조하는 자발성이나 절차의 비공식성이 전제되지 않더라도 회복적 사법을 수용할 수 있다. 회복적 사법은 프로그램이 아니라 사법과 정의에 관한 철학이고 이념이기 때문이다. 완전한 순수성과 절대적인 원칙은 우리의 관념이나 상상 속에만 있을 수 있는 이상일 뿐이다. 이러한 의미에서 우리는 회복적 사법의 가치와 원칙들도 일정한 상황 속에서 문제 해결을 위해 최적화될 수 있고 되어야 할 가치와 원칙들이라는 점을 출발점으로 삼을 수 있다. 이러한 출발점에서 보면, 회복을 지향하는 절차가 일정한 공식적인 틀 속에서 진행되더라도 여전히 회복적 사법이라고 말할 수 있고, 법원에서 부과되는 일정한 제재수단이 피해자는 물론 가해자 또는 공동체에 회복적인 결과를 가져올 수 있다면 그와 같은 결과적 정의에 중심을 두는 사법도 회복적 사법이라고 말할 수 있을 것이다. 이러

한 생각은 그리고 회복적 사법에 관한 제어의 포용적 태도는 "범죄에 의해 야기된 피해 회복을 사법의 주된 방향으로 잡고 있는 모든 행위"를 회복적 사법이라고 하는 발그라베Lode Walgrave식의 회복적 사법에 관한 정의와도 맥이 닿는다고 할 수 있다. 물론 제어가 확장주의 내지 통합모델회복적 형사사법 모델에 발 딛고 있는 해제자의 생각과 발그라베의 생각에 대해 실제로 어떻게 생각할지에 대해서는 알 길이 없다. 하지만, 적어도 '정의와 평화 실천시리즈'에 기록된 제어의 다음과 같은 말에 의하면 그와 같은 모델도 당연히 '회복적 사법'이 될 수 있을 것이다. "회복적 사법은 강river과 같다." 117쪽

V. 나오는 말

제어는 회복적 사법을 많은 다양한 지류가 유입되어 이루어진 하나의 강으로 보고 있다. 회복적 사법의 가치와 철학을 담은 2002년 '정의와 평화 실천 시리즈'를 한국어로 번역한 번역자들의 노력과 이들에 의해 지속적으로 이루어질 회복적 사법에 관한 연구성과들, 그리고 회복적 사법 사상의 영감을 받은 형사실무가들의 작은 실천들 하나하나가 회복적 사법의 강에 도달할 수 있는 작은 물방울이 되기를 기대한다. 더 나아가 이러한 물방울이 모여 장차 우리나라에도 회복적 사법정의의 가치와 철학이 반영된 형사사법제도들이 더 많이 만들어져 회복적 사법의 '큰 강'으로 들어가게 되기를 바라마지 않는다.

용어번역 일람표

용어	기본 번역용어	가능한 번역용어
accountability	상호책임, 책임을 짐	책임이행
address	다루다	언급하다
agreement	합의	
alternative program	대안프로그램	
arbitrator	중재자	
assault	폭행	폭력, 가해, 공격
authority	권위	
blame	비난	
burglary	주거침입절도	
caregiver	위탁양육자	
charge	기소	
Circle	서클	
circle keeper	서클 지킴이	
Circle of Support and Accountability(CoSA)	지지와 상호책임 서클	
clemency appeal	사면신청	
community	지역사회, 공동체	커뮤니티
communitiy of care	관심을 가진 사안별 공동체	
community of place	지역 공동체	
community resource	공동체 자원	
community service	사회봉사명령	

용어	기본 번역용어	가능한 번역용어
conference	대화모임	회합
conflict	갈등	
confict resolution	갈등해결	
conflict transformation	갈등-전환	갈등변환
crime	범죄	
crime victim	범죄피해자	
criminal justice	형사사법	
death penalty	사형	
defense attorney	피고인 변호인	
Defense-Based Victim Outreach(DIVO)	피고인 변호과정에서의 피해자지원활동	
desert	응분의 벌	
diversion	전환, 다이버전	일탈
domestic violence	가정폭력	
due process	적법절차	
early intervention	조기개입	
empowerment	권한 부여	역량 강화
encounter	만남	
encouragement	장려, 격려	
engagement	참여	
equity	형평성	
face to face encounter	일대일 대면, 직접 대면	
facilitator	전문 진행자	퍼실리테이터
family caucus	가족회의	

용어	기본 번역용어	가능한 번역용어
Family Group Conference (FGC)	가족간대화모임	가족집단회합
fine	벌금	
first−time offender	초범	
forgiveness	용서	
fully restorative	완전 회복적	
general welfare	공공복지	
guiding question	길잡이 질문	
guilt	유죄	
halfway house	중간처우의 집	
harm	피해	해악/가해
healing	치유	
healing circle	치유서클	
implementation	시행, 실행	
imprisonment	구금형	
incarceration	구금형	
information	정보	
injustice	불의, 부정의	
input	의견(의 주장)	
integration	통합	
interconnectedness	상호연결성	
involvement	관여	
jirga	아프가니스탄의 족장회의	
judge	판사, 법관	
justice	정의, 사법, 사법정의	

용어	기본 번역용어	가능한 번역용어
juvenile justice	소년사법	
juvenile offender	소년범	소년범죄자, 소년가해자
laywer	변호사	
legal justice	법제도	(종래·현재·기존의) 법제도
legitimate	정당한	합법적인
lose	손해	손실
mass violence	대규모 폭력	집단폭력
mediation	조정	중재
mediator	조정자	중재자
Mennonite	메노나이트	
minor offense	경범죄	경미한 가해행위
mostly restorative	대부분 회복적	
murder	살인	
needs	필요, 요구, 필요사항	
neutralizing strategy	중립화전략	
non restorative	비회복적	
obligation	의무	
offender	가해자	
offender advocacy	가해자 지원	
offense	가해행위	범죄
orderly development of law	질서 있는 법의 발전	
outcome	결과	회합결과, 아웃풋
parole	가석방	
partially restorative	일부 회복적	
participation	참가	

용어	기본 번역용어	가능한 번역용어
peacebuilding	평화구축, 평화만들기	
peacemaking circle	평화형성서클	화해중재서클
pesacemaking court	평화구축법정	화해중재법정
plan	행동계획	계획, 해결방안
plea agreement	유죄답변협상	
practice	실천, 실무	
practitioner	실무가	
prison	교도소, 구금형	
prison sentence	구금형	
prison staff	교정관	
prisoner re-entry program	재소자 사회복귀 프로그램	
process	과정, 절차	
prosecutor	검사	
probation and parole officer	보호관찰관	
pseudo-restorative	사이비 회복적	유사 회복적
punishment	처벌	
put (thing) rights	잘못을 바로잡기	바로잡기
rape	강간	
recidivism	재범	
reconciliation	화해	
recovery	회복	복구
referral	의뢰, 회부	
rehabilitation	사회복귀	
relationship	관계, 관계성	인간관계

용어	기본 번역용어	가능한 번역용어
remorse	반성	
reparation	원상회복	
repeat crime	재범	
representative	대변인	대표자, 대변자
respect	존중	
responsibility	책임	
restitution	배상	
restoration	회복	
restorative approach	회복적 접근방식	
restorative justice	회복적 정의, 회복적 사법	회복적 사법정의
restriction	규제, 근신	
retribution	응보	
retributive justice	응보적 정의, 응보적 사법	응보적 사법정의
rule of law	법치주의	법의 지배
sanction	제재	
sentence	형의 선고	처벌
sentnecing circle	양형서클	
severe offense	중대범죄	중대한 가해행위
sex offender	성범죄자	
shame	수치심	
stakeholders	이해당사자	이해관계자
state justice	국가사법	
surrogate	대리인	
support	지원	지지
talking pease	(서클에서의) 토킹 피스	
testimony	진술	

용어	기본 번역용어	가능한 번역용어
therapeutic program	치료프로그램	
transition	복귀	이행, 전환
trauma	트라우마	
treatment	처우	
Truth and Reconciliation Commission	진실과 화해위원회	
vengeance	복수	
victim	피해자	범죄피해자
victim advocasy community	피해자 지원단체	
victim advocate	피해자 지원자	피해자 옹호자(지지자)
victim assistance	피해자 지원	
Victim−impact panel	피해영향패널	
victimization	피해자화	
Victim Offender Conferenc (VOC)	피해자−가해자 대회모임	피해자−가해자 대화모임
victim−offender encounter	피해자−가해자 만남	
Victim−Offender Reconciliation Program (VORP)	피해자−가해자 화해프로그램	
victim−oriented	피해자 중점의	피해자 지향의
victim−oriented offender rehabiltation	피해자를 중점적으로 고려한 가해자 사회복귀	
vindication	정당성 해명	정당성 입증, 정당성 주장
violation	침해	
violence	폭행, 폭력	
witness	목격자	증인

용어	기본 번역용어	가능한 번역용어
wrongdoing	범법행위	불법한 행위, 잘못
youth court	소년법정	
Youth Justice Coordinator	소년사법 조정자